Impressum:

© 2016 by Trutz Hardo
2. Auflage

Umschlaggestaltung, Bildmaterial: Trutz Hardo
Satz: Angelika Fleckenstein: spotsrock.de

Verlag: tredition GmbH Hamburg

ISBN: 978-3-7345-1258-2 Paperback
         978-3-7345-1259-9 Hardcover
         978-3-7345-1260-5 eBook

Printed in Germany

Bibliografische Information der Deutschen Nationalbibliothek: Die Deutsche Nationalbibliothek verzeichnet diese Publikation in der Deutschen Nationalbibliografie; detaillierte bibliografische Daten sind im Internet über http://dnb.d-nb.de abrufbar.

Trutz Hardo

Der Rabbi
von Majdanek

oder

Die Bitte um Vergebung

Lese-Drama in 34 Szenen

Dieses Drama ist dem Andenken all derer gewidmet
die durch die Höllen des Naziterrors gingen.
Ihre Leiden dürfen nie vergessen werden.

Auch ist es meinem Freund,
dem Deutsch-Israeli Dr. med. Eli Lasch 1929 bis 2009, zugeeignet,
dessen inneres Anliegen es war, eine Aussöhnung zwischen dem
deutschen und dem jüdischen Volk herzustellen.

Außerdem ist es mit seiner Einwilligung Claude Lanzmann
gewidmet, der durch seine, in Filmen festgehaltenen, Recherchen
auch große Anstrengungen auf sich nahm, um nachträglich das
Grauen der Shoa, bei der Millionen von Juden auf grausamste
Weise das Leben verloren, aufzuzeigen.

Und ich möchte auch allen tapferen Menschen Dank sagen,
die sich um Versöhnung zwischen Juden und Nichtjuden
im besonderen Maße eingesetzt haben
oder noch einsetzen.

> „Ich möchte etwas tun für diejenigen,
> die nicht überlebt haben.
> Ich möchte, dass die Erinnerung ihnen zum
> Andenken und zur Ehre erhalten bleibt."
>
> *Dr. med. Zacheusz Pawlak*

1. Szene

Itzak geht mit Ronia durch das Dorf. Es ist Frühling 1943.

Ronia: Ich bin so froh, dass du aus dem deutschen Kriegsgefangenenlager fliehen konntest.

Itzak: Nein, ein Lager war es ganz bestimmt nicht. Wir waren wohl mehrere Zehntausend Gefangene, die auf einem einfachen Feld kampierten, umgeben von Wachsoldaten. Es regnete. Wir hatten kein Dach überm Kopf. Es war kalt. Wir saßen oder lagen gar vor Müdigkeit im Schlamm. Es gab kaum was zu essen. Als einer von uns bei Dunkelheit sich an einen Baum außerhalb des erlaubten Bezirks setzte, um seine Notdurft zu verrichten, liefen zwei Soldaten herbei und schlugen auf ihn ein. Ich benutzte diese Gelegenheit, um zu einem Waldstück zu laufen. Schüsse peitschten hinter mir her. Zwölf Tage blieb ich auf der Flucht. Meist versteckte ich mich tagsüber im Wald. Doch bei Dunkelheit ging ich zu Bauern. Sie gaben mir zu essen. Eine Decke hatte ich auch bekommen. Ich durfte nie lange bleiben, da sie Angst hatten, einen Flüchtigen bei sich zu verstecken, was, wenn man sie verraten hätte, sicherlich Gefängnis – wenn nicht mehr – bedeutete. Doch ein Bauer hielt mich nahezu eineinhalb Jahre lang versteckt. Nachts mistete ich dafür seinen Schweine- und Kuhstall aus. Doch dann hielt ich es nicht länger aus. Ich musste zurück zu dir und unseren Eltern. Wir beide sind zwar offiziell Geschwister, aber ich wurde als blondhaariges Findelkind von unseren Eltern adoptiert. Sie, die selbst keine eigenen Kinder bekommen konnten, gaben uns jeweils einen jüdischen Namen, aber sie haben mich nicht beschneiden lassen.

Ronia: Ich wurde zwei Jahre nach dir als Findelkind unseren Adoptiveltern übergeben. Doch habe ich im Unterschied zu dir schwarze Haare.

Itzak: Ja, anscheinend wollten sie, dass wir später, wenn wir erwachsen wären, selbst entscheiden sollten, ob wir zum Judentum übertreten. Ronia, ich habe dich immer geliebt. Doch erst heute Morgen offenbarten uns die Eltern, dass wir keine richtigen Geschwister und auch keine Juden seien. In der Nachbarstadt sind alle Juden von der SS bereits abtransportiert worden. Die SS und ihre Hilfspolizisten könnten jeden Tag auch zu uns kommen. Wir als Nichtjuden können dann sagen, dass wir keine Juden sind und folglich zu Hause bleiben können. Sie sagen ja, dass alle Juden in ein Arbeitslager kämen. Aber ich traue den Deutschen nicht.

Ronia: Wie gut, dass wir heute erfahren haben, dass wir keine Juden sind. Ich habe dich ebenfalls geliebt, aber du warst ja, wie ich bis heute morgen glaubte, mein leiblicher Bruder. Ich liebe dich. Küss mich!

Sie küssen sich.

Itzak: Du musst so bald wie möglich meine Frau werden. Ich glaube, dass unsere Eltern das auch gerne wünschen.

Ronia: Aber du hattest dich doch noch, bevor du in die Sowjetarmee eingezogen worden bist, mit meiner Freundin Halina verlobt. Du wolltest sie doch nach Beendigung des Krieges heiraten.

Itzak: Ja, ich hatte ihr die Ehe versprochen. Ich wusste ja nicht, dass du nicht wirklich meine Schwester bist. Jetzt werde ich ihr mein Eheversprechen, das ich ihr gestern noch wiederholt gegeben hatte, aufkündigen.

Ronia: Das wird sie nicht verkraften können. Wir hatten jeden Tag bei ihr zu Hause oder in der Synagoge zusammen gebetet, dass du heil zurückkehren würdest. Sie liebt dich wahnsinnig. Sieh, da kommt sie mit dem Milcheimer.

Halina: Was fällt dir eigentlich ein, deine Schwester zu küssen? Und du hast die Unverschämtheit, sie darüber hinaus auch noch in aller Öffentlichkeit an dich zu drücken.

Itzak: Wir haben heute Morgen erfahren, dass wir nicht Geschwister sind. Die Leiners hatten uns adoptiert.

Halina: Deshalb bist du also noch unbeschnitten gewesen. *zu Ronia* Und jetzt hau ab, du Biest! Und wage es nicht noch einmal, mir meinen Verlobten zu küssen. Und meine Freundin bist du zum letzten Mal gewesen.

Itzak: Halina, ich muss dir etwas erklären. Ronia und ich waren schon als Jugendliche ineinander verliebt. Nun, da wir uns nicht mehr als Schwester und Bruder begegnen müssen, wollen wir für den Rest des Lebens zusammenbleiben. Ich kündige dir hiermit unsere Verlobung.

Halina: Wie? Ich versteh nicht recht. Gestern hattest du mir noch Liebe geschworen und die Ehe sehr bald in Aussicht gestellt. Und jetzt soll alles vorbei sein? Du hast mich nie geliebt.

Itzak: Doch. Aber ich habe Ronia immer mehr geliebt. Wir werden heiraten.

Halina: Du gemeiner Lügner! *Sie zieht den Verlobungsring vom Finger und wirft ihn ihm vor die Füße* Da! Den kannst du ihr nun an den Finger stecken. Ich verfluche euch! Ich werde alles tun, um eure Liebe zu zerstören.

2. Szene

Man hört das Brummen von herbeifahrenden Lastwagen.

Einige Stimmen: „Die Deutschen kommen! Schnell weg!"

Die Leute auf der Straße ziehen sich eilig in ihre Häuser zurück.

Ronia: Ich ahne Unheil! Ich verstecke mich in unserem Erdloch unter der Treppe.

Itzak: Bleib! Du bist keine Jüdin. Sie werden alle Häuser durchsuchen. Und wer sich versteckt, wird automatisch als Jude vermutet und sofort erschossen.

Ronia: Nein, ich verstecke mich. Erkläre ihnen, dass du kein Jude bist. Ich liebe dich. Pass auf dich auf. *Sie gibt ihm noch einen Kuss und eilt davon.*

Außer Itzak stehen noch zwei polnische Bauern auf der Straße.

Erster Bauer *zum Nachbarn:* Jetzt wird unser Ort endlich ebenfalls von Juden gesäubert. Wenn die nie wiederkehren, brauchen wir dem Mendel unsere Schulden nicht mehr zu bezahlen.

Zweiter Bauer: Mir tun die Juden sehr leid. Ich bin mit ihnen immer gut ausgekommen. Sie waren ehrlich und arbeitssam.

Erster Bauer: Aber bedenke doch, wie reich wir jetzt werden können. Ich plündere, sobald alle abgeholt worden sind, dem Mendel alles, was ich wegschleppen kann. Und du machst das Gleiche im Haus des Yudel.

Die Lastwagen halten vor einem Haus. Mehrere Uniformierte mit Gewehren springen ab, verteilen sich und schreien: „Alle Juden herauskommen! Wer sich versteckt hält, wird erschossen!"

Leute mit Kindern kommen heraus. Die SS und Hilfspolizisten schlagen auf jene ein, die ihr Haus nicht verlassen wollen, und schreien weiterhin: „Schnell, schnell! Los, auf den Wagen!"

Sie werden samt Kindern von den Uniformierten auf den Lastwagen geschubst oder von den dann oben Befindlichen hochgezogen.

Eine Frau: Wo bringt ihr uns hin?

Polizist: Ihr kommt in ein Arbeitslager. Dort bekommt ihr gute Arbeit und gut zu essen.

Die Frau: Und was ist mit den Kindern und den Alten?

Polizist: Babys bekommen beste Milch. Alle anderen werden gut verpflegt und behandelt.

Offizier *zu den zwei Bauern*: Was ist mit euch, die ihr hier herumsteht?

Bauer: Wir sind polnische Bauern. Ja, schafft die Juden fort.

Offizier: Könnt ihr bezeugen, dass ihr keine Juden seid?

Beide Bauern *ziehen die Hosen runter*: Hier, sehen Sie. Wir sind nicht beschnitten.

Offizier *deutet auf Itzak*: Und was ist mit dem Blonden da?

Bauer: Der ist Jude.

Offizier *zu Itzak*: Marsch auf den Wagen. *Er schlägt mit der Peitsche auf ihn ein.*

Itzak: Nicht schlagen. Ich bin kein Jude. *Er zieht ebenfalls die Hosen runter.*

Zweiter Offizier: Der, wie man sieht, hat germanisches Blut in sich. Er ist kräftig. Den können wir bestimmt anderweitig gebrauchen.

Erster Offizier *zu Itzak*: Du kommst mit. *Zu einem herbeigewunkenen Soldaten*: Setze ihn vorne in das Führerhaus.

Soldat: Jawohl, Herr Oberscharführer!

Itzak wird zum Lastwagen gebracht und muss vorne einsteigen, von wo aus er aus dem Fenster weiterhin das Geschehen beobachten kann

Zwei Soldaten schleppen die sich widersetzende Halina herbei. Sie sieht den aus dem Seitenfenster herausschauenden Itzak. Sie zeigt mit dem

Finger auf ihn und ruft: Der dort hat uns alle verraten! Er ist ein Goj, der uns Juden hasst. Bestimmt hat er nicht das Versteck verraten, wo seine Ronia ist. *Zum Offizier gewandt*: Sie ist dort in dem Haus. Unter der Treppe ist eine Klappe. Darunter hält sie sich verborgen.

Zwei Soldaten eilen, vom Offizier angedeutet, in das Haus.

Itzaks Adoptiveltern und die gebrechliche Großmutter werden herbeigeführt. Er winkt ihnen zu.

Mutter *ruft*: Itzak! Gott beschütze dich, mein Junge!

Itzak: Der Herr beschütze auch euch. Ich liebe euch!

Offizier: Ist das wirklich Ihr Sohn?

Mutter: Nein, wir haben ihn von einer deutschen Mutter adoptiert.

Alle drei werden von jenen auf dem Lastwagen Befindlichen hinaufgezogen.

Die beiden Soldaten bringen Ronia. Sie weint.

Ronia: Lasst mich los! Ich bin keine Jüdin.

Offizier: Wie willst du beweisen, dass du keine Jüdin bist?

Ronia: Ich wurde von einer jüdischen Familie adoptiert. Meine leibliche Mutter ist bestimmt keine Jüdin gewesen.

Halina: Doch! Ihre Mutter ist ganz gewiss eine Jüdin. Seht sie euch an. Sie sieht aus wie ich. 100 Prozent Jüdin.

Offizier: Beide auf den Wagen!

Itzak *ruft ihr zu*: Ronia! Ronia! Ich werde dich beschützen. Ich liebe dich!

Während die Szene wechselt, hört man noch das Motorengebrumm der davonbrausenden Lastwagen.

3. Szene

Im Konzentrations- und Ausbildungslager Trawniki, 40 Kilometer süd-östlich von Lublin. Itzak und sein Freund Frederic sind ausgebildete Hilfssoldaten der SS. Sie tragen dunkle Uniformen.

Frederic: Jetzt sind wir schon seit zwei Monaten hier und müssen auf die Häftlinge aufpassen. Einige von uns, die sich als der harte Kern herausstellten, meistens Ukrainer, sind schon nach Treblinka, Belzec und Sobibor abgestellt worden. Ja, als wir hier ankamen, mussten wir zuerst unterschreiben, dass wir allen Befehlen unserer deutschen Vorgesetzten nachzukommen haben. Da wussten wir noch nicht, was auf uns zukommen würde. Jetzt wissen wir es. Wir Hilfssoldaten, die man als Trawniki oder auch als Askari bezeichnet, müssen hauptsächlich Juden bewachen oder töten. Uns wurde angedroht, wer nicht den Befehlen der SS gehorcht, wird erschossen. Du warst Zimmermannsgeselle. Dich braucht man hier noch. Ich bin Schlosser. Wir beide haben Glück, bisher nicht ebenfalls Juden morden zu müssen. Lieber auf Häftlinge vom Wachturm aus aufpassen oder sie als Begleitkommando bewachen, als Menschen auf Befehl zu töten. Doch wer flieht, auf den müssen wir leider schießen.

Itzak: Aber du kannst ja daneben schießen.

Frederic: Das kann leicht als Feindbegünstigung ausgelegt werden. Du weißt, selbst wir können hart bestraft oder gar als Häftlinge in ein KZ gesperrt werden. Denke an unseren Freund Stanislaw. Er hatte sich geweigert, einen vor Erschöpfung niedergefallenen Sträfling zu erschießen. Jetzt ist er einer von ihnen, und wir müssen ihn von unseren Wachtürmen oder auf Arbeitskommandos bewachen.

Itzak: Wenn ich nur wüsste, wo meine Ronia hingebracht worden ist. Alle Juden unseres Dorfes hatte man zu einem Bahnhof gefahren, sie dort von den Lastwagen heruntergetrieben und in Viehwaggons verfrachtet. Ich habe alles von meinem Vordersitz aus mit ansehen können. Ronia konnte ich noch zurufen, dass ich sie befreien werde. Die Mutter meiner Adoptivmutter fiel vom Lastwagen und hatte sich wohl die Beine gebrochen. Sie konnte nicht mehr aufstehen. Dann hatte einer sie vor aller Augen erschossen. Diese verdammte SS! Warum wollen sie alle Juden umbringen?

Frederic: Da musst du den Hitler selbst fragen. Er ist der Oberteufel, der alles in Gang gesetzt hat.

Itzak: Wo sind wohl Ronia und unsere lieben Eltern hingebracht worden? Vielleicht hat man sie nach Belzec, Sobibor oder nach Lublin weiter transportiert.

Frederic: Die beiden ersten Orte sind neben Treblinka Vernichtungslager. Dort wird niemand überleben. Im KZ Lublin hat man die Chance, etwas länger zu leben, bis man dort vor Erschöpfung, Entbehrung oder Totschlag sein Ende findet. Auch dort führt man Vergasungen durch. Doch sollen nur die Arbeitsunfähigen, wie auch die Kinder und Alten sofort getötet werden.

Itzak: Hoffentlich wird Ronia dort hingebracht und als brauchbare Arbeitskraft selektiert, denn sie ist gesund und kräftig. Sie wird man bestimmt beschäftigen wollen. Sie ist gelernte Schneiderin, denn unsere Eltern betrieben eine Schneiderei. Vielleicht ist sie bei dem Sortieren der Kleider eingeteilt, denn die vielen Sachen der Eingelieferten und der Getöteten müssen aussortiert und eventuell ausgebessert werden, wonach alles Brauchbare zur Weiterverwendung ins Reich oder an die Front geschickt wird.

Frederic: Auch bei uns sind die Lagerräume voll mit den Sachen der Eingelieferten und der Toten oder Getöteten. Und jedem Toten schaut man in den Mund, ob da noch Gold in den Zähnen zu finden ist, das man herausschlägt. Doch erzähl mir von deiner Ronia. Ist sie hübsch?

Itzak: Sie ist die schönste junge Frau der ganzen Ukraine.

Frederic *lachend*: Du übertreibst.

Itzak: Nein, ganz und gar nicht. Sie ist klug. Sie spricht wie ich Jiddisch, Polnisch, Ukrainisch und auch Deutsch. Wir haben auf Deutsch in den Werken von Schiller und Goethe gelesen.

Frederic: Auch meine Eltern, obwohl Letten, sind deutschstämmig und lasen in den deutschen Klassikern. Wenn Goethe und Schiller gewusst hätten, was heute die Deutschen im Namen ihres teuflischen Führers anstellen, würden sie sich im Grabe umdrehen.

Itzak: Die haben sich sicherlich schon längst im Grabe umgedreht.

Frederic: Wie kann ein kultiviertes Volk wie die Deutschen auf solch einen österreichischen Anstreicher hereinfallen und ihm zujubeln? Das ist mir unbegreiflich.

Itzak: Hoffentlich hört uns keiner bei unserem Gespräch. Wir würden sofort wegen Defätismus erschossen werden. Könntest Du einen wehrlosen Juden erschießen?

Frederic: Wenn es darum ginge, er oder ich, dann würde ich ihn erschießen, um mein eigenes Leben zu retten.

Itzak: Ich weiß nicht, wie ich mich verhalten würde. Erst gestern ist einer von uns aus Belzec zurückgekommen. Er sah ganz verstört aus. Der Arme hat sich letzte Nacht auf der Toilette erhängt.

Frederic: Ich werde mich nicht erhängen. Irgendwann ist der ganze Nazispuk vorbei. Ich will überleben, ganz egal auf welche Weise. Ich bin auch gleich, als die deutschen Soldaten unsere Armee angriffen, übergelaufen und habe mich als Deutschstämmiger ausgegeben. Hätte ich es nicht getan, wäre ich wohl im Kanonengewitter umgekommen oder im Kriegsgefangenenlager verhungert.

Itzak: Auch ich war in deutscher Kriegsgefangenschaft. Doch konnte ich bei Dunkelheit entkommen.

Frederic: Du wusstest, dass auf Flucht die Todesstrafe besteht. Hat man nie herausbekommen, wer eigentlich geflohen war?

Itzak: Wohl nicht. Wir waren noch nicht registriert. Und meinen Wehrpass hatte ich vor der Gefangenschaft vorsorglich verschwinden lassen. Als ich hier von dem Lagerführer gefragt wurde, ob ich nicht wie wir alle ebenfalls in der Sowjetarmee gedient hatte, sagte ich, dass ich auf keinen Deutschen schießen könnte und deshalb desertiert sei. Das hatte ihm sehr gefallen. Sie belügen uns. Warum sollten wir sie nicht belügen? Er sagte auch noch, dass ich es bei den Kameraden der SS gut haben solle.

Frederic: Ja, wir haben es gut. Jeden Tag reichlich Fleisch und auch Bier. Und Schnaps soll es auch für uns Trawnikis reichlich vor Einsatzkommandos geben.

Itzak: Hoffentlich werde ich nie dazu eingeteilt.

Plötzlich erscheint der Schutzhaftlagerführer.

Sturmführer: Alle auf dem Hof aufstellen, und zwar in voller Ausrüstung und mit reichlich Munition!

4. Szene

Etwa zehn Kilometer südöstlich des KZs Lublin, das erst nach dem Krieg als Konzentrations- und Vernichtungslager Majdanek, einem Vorort von Lublin, in die Geschichte eingehen wird, liegt unweit der Hauptstraße nach Zamorsc ein Waldstück mit dem Namen Krepiec. Itzak und Frederic befinden sich in voller Ausrüstung unter den etwa 30 Trawniki-Männern und fünf Männern der SS, von denen der Sturmführer das Kommando gibt.

Sturmführer: Wie ihr seht, sind hier schon die Gräben ausgehoben worden. Gleich kommen drei Lastwagen mit je 100 Juden – Männer, Frauen und Kinder. Unsere Aufgabe ist es, sie von den Wagen herunterzuholen, die Männer und Frauen getrennt sich ausziehen zu lassen und dann, wie schon besprochen, an den jeweiligen Rand der drei Gräben zu führen und sie von hinten durch Kopfschuss zu töten und in den Graben zu stoßen. Ich weiß, dass das für uns alle immer eine schwere Aufgabe ist. Aber wir dürfen keine Sentimentalitäten aufkommen lassen. Schlagt immer zu, gerechtfertigt oder nicht. Vor Schlägen haben alle Angst. Um die zu vermeiden, machen sie alles, was wir befehlen, alles! Ihr seid als harte Männer ausgebildet worden, die jedem Befehl von oben nachzukommen haben. Wie ihr wisst, sind die Juden die inneren und äußeren Feinde unseres germanischen Volkes. Der Bolschewismus und der amerikanische Imperialismus werden von Juden dirigiert, um uns von zwei Seiten zu vernichten. Und alle Juden, die sich in unseren eroberten Gebieten befinden, sympathisieren oder konspirieren mit dem östlichen und westlichen Feind. Wir kämpfen also hier an der inneren Front gegen unsere inneren Feinde. Wir erschaffen nun ein 1.000-jähriges Großgermanisches Reich vom Atlantischen Ozean bis an den Ural. Um das zu erreichen, müssen wir Mut und Entschlossenheit zeigen. Ihr alle, die ihr bei der Erschaffung dieses Vorhabens mitwirkt, werdet später reich belohnt werden. Unsere jetzige Aufgabe ist es, alle Juden, die sich im Generalgouvernement aufhalten, bis Ende des jetzigen Jahres 1943 zu vernichten. Keiner darf überleben. Dies ist ein Befehl des großen Führers Adolf Hitler. Sieg heil!

Alle erheben ihren ausgestreckten Arm und rufen im Chor: „Sieg heil! Sieg heil! Sieg heil!"

Man vernimmt das Gebrumm des ersten ankommenden Lastwagens.

Sturmführer: Nun los! Ihr wisst, was ihr zu tun habt.

Der Lastwagen bleibt stehen. Hinten und von den Vordersitzen springen vier bewaffnete Uniformierte ab und öffnen hinten die Ladeabdeckung. Die übrigen Bewaffneten haben das Gefährt umstellt. Unter vielen Rufen wie „Schnell, schnell!" und „Beeilung!" müssen sie sich in drei Gruppen aufstellen. Alle verängstigt. Einige weinen. Die meisten unter ihnen sind erstarrt. Einige haben die Hände auf die Brust gelegt

Eine Mutter: Mein Kind soll bei mir bleiben.

Ein Trawniki *lachend*: Also los, du Balg. Geh rüber zu deiner Mutter, Mammasöhnchen. *Andere Trawniki lachen mit.*

Eine Frau: Was haben Sie mit uns vor?

Trawniki und Itzak: Wir befreien euch jetzt alle von eurem Leid.

Frau: Heißt das, dass Sie uns jetzt erschießen?

Sturmführer: Lassen Sie sich nicht in das Geschwätz mit den Juden ein.

Ein Jude: Ja, wir werden jetzt alle erschossen. Wir kommen jetzt zu Gott. Gepriesen sei der Herr!

Sturmführer: Alle Jungen ab zehn und alle Männer stellen sich hier auf die linke Seite auf!

Wer von diesen sich zu langsam nach links begibt, wird von den SS-Leuten und Trawnikis mit Schubsen und auch Schlägen dorthin genötigt.

Sturmführer: Alle Frauen mit Kindern hier in die Mitte!

Diese gruppieren sich dort unter Wehklagen und Schreien der Kinder.

Ein Kind: Oma, bleib bei uns!

Ein Trawniki haut mit einem Stock auf den Kopf des Jungen. Dieser brüllt entsetzt auf.

Sturmführer *zu den älteren Frauen*: Und ihr tretet nach rechts! Inzwischen haben sich die Soldaten in drei Gruppen aufgeteilt und sich vor jede oder neben diese gestellt

Sturmführer *zu seinen Männern*: Ihr zwei bleibt hier und wartet auf den nächsten Transport. Sie sollen warten, bis wir zurückgekehrt sind. *Zu den anderen*: Und nun los!

Während die eine Gruppe mit den Männern nach links hin, die zweite Gruppe mit den Frauen und Kindern nach hinten eskortiert wird, setzt sich die dritte Gruppe mit den Frauen nach rechts in Bewegung. Einer aus der linken Gruppe hat einen Gebetsgesang auf Jiddisch angestimmt. Viele in den drei Gruppen stimmen ein.

5. Szene

Itzak und Frederic befinden sich in der rechten Gruppe, die vom Sturmführer angeführt wird. Sie sind an der länglichen Grube angekommen.

Sturmführer: Alle ausziehen! Aber flott! ... Schneller! schneller!

Er, wie auch seine Männer, schlagen auf einige Frauen ein.

Fünf der nun Nackten müssen sich mit dem Gesicht zur Grube nieder-
knien. Die anderen zetern, weinen, einige beten. Dann erfolgt die erste
Erschießung in den Hinterkopf. Lautes Lamentieren der Dahinterste-
henden.

Eine Frau *drängt sich vor und ruft, indem sie in den Graben springt*:
Mutter! Ich bleibe bei dir.

Der Sturmführer *schießt mit seinem Maschinengewehr in den Graben*:
Hatte die es aber eilig! *Lachen unter seinen Leuten.* Los! Die nächsten
fünf!

Eine Frau: Itzak, bist du es?

Itzak: Mutter! Er stürzt auf sie zu, wirft das Gewehr hin, fällt vor ihr
nieder und hält ihre Beine umschlungen. Sie legt ihre Hände auf seinen Kopf und beide weinen. Wo ist Ronia?

Sie: Sie ist in Lublin im Frauenlager.

Itzak: Und wo ist Vater?

Sie: Er ist vor Entkräftung zusammengebrochen. Man hat ihn vergast.

Itzak schreit wild auf.

Sturmführer *zu zwei Trawnikis*: Los, zerrt ihn weg!

Itzak: Nein, das ist meine Mutter. Ihr dürft sie nicht erschießen! Nein!

Sie wird mit vier anderen an den Grubenrand geführt, worauf die sich
Niederknienden erschossen werden. Itzak weint hemmungslos

Sturmführer *zu den zwei Trawnikis*: Bringt ihn her! ... Du sagst, sie sei
deine Mutter. Dann bist du also auch ein Jude.

Itzak: Sie haben mich als kleinen Jungen adoptiert. Ich bin kein Jude.
Sie und ihr Mann waren für mich meine Eltern, die mich großzogen
und mir sehr viel Liebe schenkten. Ich möchte jetzt auch wieder mit
ihr vereint sein. Bitte, Herr Sturmführer, erschießen Sie mich ebenfalls.

Sturmführer: Ich habe nur den Befehl, Juden zu erschießen. Was mit
dir geschieht, darüber wird der Lagerkommandant Florstedt im KZ

Lublin entscheiden. Aber wie ich weiß, bist du Zimmermann. Dich benötigt man. Ich werde dich als Häftling ins Lager überstellen. Dort kannst du dich bewähren. Abführen!

Und während man weitere Schüsse vernimmt, wird Itzak, von zwei Trawnikis begleitet, zum Lastwagen geführt. Er muss sich in das Führerhaus setzen.

6. Szene

Schutzhaftlagerführer SS-Obersturmführer Thumann liegt im Bett auf der Krankenstation für höhere SS-Beamte im Konzentrationslager Lublin.

Revierarzt: Gleich muss er kommen. Sie können den Heilkräften dieses Rabbis vollkommen vertrauen.

Lagerführer: Mir ist alles egal. Hauptsache mein Nierenleiden hört auf.

Revierarzt: Dieser Rabbi verfügt über enorme Heilkräfte. Er brachte einen von uns, der schon für tot erklärt worden war, wieder ins Leben zurück.

Lagerführer: Warum müssen ausgerechnet einem schmierigen Rabbi solche Wunderkräfte verliehen sein?

Revierarzt: Da müssen Sie Gott fragen.

Lagerführer: Ach, lassen Sie doch diesen albernen Kerl aus dem Spiel. Einen Gott gibt es nicht. Unser heutiger Gott ist Adolf Hitler. Und die Sowjets haben Stalin zu ihrem Gott erhoben.

Revierarzt: Ich glaube, er kommt.

Man hört Klopfen an der Tür. Und der bartlose Rabbi in Sträflingskleidung mit einem Judenstern auf der Herzseite, begleitet von einem Wachmann, betritt das Zimmer. Der Rabbi bleibt an der Tür stehen. Der

Lagerführer winkt ihm zu, näher zu treten, und mit einer Handbewegung gibt er den beiden anderen zu verstehen, den Raum zu verlassen.

Lagerführer: Du bist ein Heiler, so sagt man. Woher hast du diese Gabe?

Rabbi: Von Gott.

Lagerführer: Von Gott, von Gott. Wenn ich das schon höre. Entweder du hast diese Gabe vererbt bekommen oder sie dir aneignen können.

Rabbi: Ich habe diese Gabe aus einem früheren Leben mit in das heutige gebracht.

Lagerführer: Dass ich nicht lache. Frühere Leben? Pah! *lacht* Was ihr Juden euch nicht alles so ausdenkt. Am Ende willst du mir wohl weismachen, dass ich ebenfalls ein früheres Leben hatte?

Rabbi: Sie haben sogar schon viele Leben gelebt. In einem Ihrer früheren Leben waren Sie ein Kreuzritter, der einen Speerstich in die linke Lendenseite bekommen hatte und nach grässlichem Leiden starb.

Lagerführer: Ist das etwa der Grund, warum ich genau an dieser Stelle meine Nierenschmerzen habe?

Rabbi: Ja, das wird sicherlich so sein. Schlagen Sie bitte einmal Ihre Decke hoch, damit ich meine Hände über diese Stelle gleiten lassen kann, ohne Ihren Körper dabei zu berühren. ... Viele negative Geschehnisse sind in der Aura...

Lagerführer: Was ist das?

Rabbi: So etwas wie ein elektromagnetisches Feld. Alles, was wir im heutigen oder in früheren Leben an körperlichem oder auch seelischem Leid erfahren haben, wird in diesem Feld gespeichert. Ich hole Ihnen diese Programmierung nun durch Ausstreichungen heraus.

Lagerführer: Wenn du nicht gewusst haben würdest, wo ich Schmerzen habe, hättest du es dann auch erspüren können?

Rabbi: Ja, sicherlich. Dieses elektromagnetische Feld oder die Aura, wenn Sie so wollen, zeigt sich in Farben. Wo immer sich eine besonders dunkelrote oder braune Farbe zeigt, bedeutet es, dass dort eine ungute Speicherung vorhanden ist, die auf den Körper ausstrahlt.

Lagerführer: Ich spüre dort nun eine angenehme Wärme.

Rabbi: Das bedeutet, dass der Heilprozess begonnen hat.

Lagerführer: Wo kommen Sie eigentlich her?

Rabbi: Aus Medzhibizh.

Lagerführer: Wo liegt denn das?

Rabbi: Südöstlich von Lwow. Die Deutschen nennen es Lemberg.

Lagerführer: Da gibt es bestimmt keine Juden mehr.

Rabbi: Das stimmt leider. In jener Gegend gab es seit über 400 Jahren viele jüdische Dörfer und Schtetls.

Lagerführer: Wo haben Sie denn ihr exzellentes Deutsch gelernt?

Rabbi: Im heutigen und in früheren Leben bin ich weit herumgekommen. So sind mir die Synagogen in vielen großen Städten in Europa und einige sogar in Amerika vertraut.

Lagerführer: Wie? Sie waren schon in Amerika?

Rabbi: Ja.

Lagerführer: Wie sind Sie denn dorthin gekommen? Mit dem Schiff oder mit dem Flugzeug?

Rabbi: Weder noch. Es gibt Techniken, in Gedanken sofort an jedem beliebigen Ort der Welt zu sein.

Lagerführer: Also, jetzt beginnen Sie aber zu spinnen.

Rabbi: Es gibt so Vieles, das man mit dem Verstand nicht erfassen kann.

Lagerführer: Der Revierarzt erzählte mir, dass Sie auch schon einen Toten wieder zum Leben zurückgebracht hatten.

Rabbi: Das stimmt nicht ganz. Der angeblich Tote hatte zwar keinen Puls- und Herzschlag mehr, aber seine Silberschnur, die den physischen mit dem Astralkörper verbindet, war noch intakt. Somit war es mir noch gestattet, ihn wieder lebendig werden zu lassen. Es war Gottes Kraft, die durch mich wirken durfte.

Lagerführer: Bitte erwähnen Sie Gott in meiner Gegenwart nicht mehr. Sonst muss ich lästern. Übrigens, die Schmerzen sind nun auf einmal weg.

Rabbi: Das freut mich.

Lagerführer: Kann ich Ihnen irgendeinen Gefallen tun? Haben Sie einen Wunsch? Ich werde Ihnen diesen, soweit es in meiner Befugnis steht, gerne erfüllen.

Rabbi: Ich würde gerne in meinem schwarzen Gewand samt meinem schwarzen Hut herumgehen und damit meine leidenden oder sterbenden Brüder und Schwestern besuchen, um ihnen in der höchsten Not beizustehen. Und ich möchte auch meinen Bart wieder wachsen lassen.

Lagerführer: Dann werden Sie hier der erste Sträflingsjude sein, der in voller Rabbimontur mit einem Bart herumlaufen darf. Aber meinetwegen. Ich werde den Feld- und Blockführern und allen Wachmännern Bescheid geben, dass man Ihnen gestattet, als Rabbi mit Bart herumgehen zu dürfen, ohne vor jedem meiner Leute den Hut lüften zu müssen. Und keiner soll Sie deswegen verspotten.

Rabbi: Ganz herzlichen Dank, Herr Lagerführer. Darf ich noch eine kleine Bitte aussprechen?

Lagerführer: Nur zu.

Rabbi: Die Leute in meinem Block haben riesigen Hunger.

Lagerführer: Welcher Block ist es?

Rabbi: Im dritten Feld, Block 7.

Lagerführer: Ich werde veranlassen, dass ihr Block morgens, mittags und abends jeweils eine doppelte Ration erhält.

Rabbi: Ganz herzlichen Dank, Herr Lagerführer. Und wenn Ihnen wieder etwas Schmerzen bereiten sollte, dann lassen Sie mich rufen.

Der Rabbi geht zur Tür, öffnet sie. Der davor stehende Wachmann geleitet ihn.

Der Revierarzt betritt das Zimmer.

Revierarzt: Na, sind Ihre Schmerzen weg?

Lagerführer: Ja. Aber vielleicht kommen sie wieder.

Revierarzt: Wenn ich selbst oder einer meiner Häftlingsärzte Schmerzen hat, dann lassen wir uns auch vom Rabbi behandeln. Und meistens bedarf es keiner Nachbehandlung. Es ist ein Wunder. Selbst bei heftigen Zahnschmerzen zaubert er diese in wenigen Minuten weg.

Lagerführer: Das ist unglaublich. Den müssen wir uns unbedingt erhalten. Dem darf nichts passieren. Und geben Sie ihm nur leichte Arbeit. Auch könnte er sicherlich hin und wieder eine Extraportion Essen vertragen.

Revierarzt: Das haben wir ihm schon oft angeboten. Aber er sagt, er wolle nur das zu sich nehmen, was seine Mithäftlinge täglich zu essen bekommen.

Lagerführer: Heilen mag er können. Aber ansonsten ist er ein schrulliger Kerl mit abwegigen Ideen. Frühere Leben, Astralkörper, Silberschnur. Dass ich nicht lache.

Revierarzt: Ja, die Chassiden, eine große jüdische Sekte, glauben an die Wiedergeburt.

Lagerführer: Solche Spinner. Dann ist er bestimmt auch einer von diesen. Na ja, mit ihrem Tod wird auch dieser Irrglaube ausgestorben sein. Wir erlauben uns den Spaß, ihn in seiner Rabbitracht herumlaufen zu lassen. Übrigens sollten Sie diesen wunderwirkenden Kauz als Hilfssanitäter einstellen. Er kann noch so manchem von uns als Heiler zu Diensten sein.

Revierarzt: Daran habe ich auch schon gedacht.

7. Szene

Hinter dem Lager befindet sich die Gärtnerei mit vielen Beeten, auf denen Gemüse gepflanzt wird. Weiter hinten ist jenes Gartengrundstück zu sehen, in welchem Blumen für die SS blühen. Linker Hand pflanzt eine Gruppe von Häftlingen Setzlinge.

1. Häftling *kauernd*: Heute haben wir Glück. Da ist der gute Kapo Yakuv unser Wachmann.

2. Häftling: Ja, Gott sei Dank. Er lässt uns auch während der Arbeit miteinander reden. Die anderen schlagen uns gleich, wenn wir uns während der Arbeit unterhalten. Letzten Monat, als Ekel Emil mich schlug, ging Yakuv dazwischen und sagte: „Den dürfen wir nicht zurichten. Der ist unser wichtigster Mann in der Elektroabteilung. Thumann wird sauer auf Sie sein, wenn er nicht mehr arbeitseinsatzfähig sein sollte." Er hat, um mich zu retten, einfach gelogen. Und Ekel Emil hat mich seitdem in Ruhe gelassen.

1. Häftling: Du hast aber ein Glück. Mich hat er schon dreimal derart mit der Peitsche geschlagen und einmal davon nicht nur auf den Rücken, sondern ins Gesicht, sodass die Striemen noch lange zu sehen waren. Doch vor seinem Schäferhund habe ich die größte Angst.

2. Häftling: Ja, gestern noch hetzte er diese Bestie auf einen nach heftigen Schlägen am Boden Liegenden. Diese hatte er dressiert, nicht nur in die Beine, sondern auch in die Kehle zu beißen.

1. Häftling: Der hat es gut. Nun ist alles überstanden. Keine Ängste werden ihn mehr heimsuchen. Manchmal denke ich, dass ich aufgebe und einfach in den Elektrozaun laufe. Entweder werde ich auf dem Weg dahin vom Wachposten vom Turm aus erschossen, oder der Strom zeitigt mein Leben.

2. Häftling: Ich gebe nicht auf. Halte du auch durch. Doch wenn du, wie du sagst, dein Leben zeitigen willst, dann renne sehr schnell in die Stromleitungen. Vom Wachturm aus könntest du nur angeschossen werden und blutend liegen bleiben. Dann schleifen sie dich in die Gaskammer, wo du noch 15 bis 20 Minuten grässlichste Qualen erleidest.

Ich muss leben. Ich will wissen, ob meine Schwester Tinka noch lebt. Sie ist mit mir mit dem Transport aus Radom hierher gebracht worden. Auf der Bahnstation in Lublin wurden wir getrennt. Wie ich in Erfahrung bringen konnte, wurde sie zuerst nach Budzyn transportiert und von dort ins Lager auf dem Flughafen. Mich steckte die SS-Polizei zuerst in das Gefängnis im Lubliner Schloss. Ich wurde gefoltert, weil sie meinten, ich hätte in Radom auf einen Polizisten geschossen. An meinen Armen siehst du noch die Narben. Hier. *Er streckt ihm die Arme entgegen.* Auch mein Rücken ist voll davon. Als sie nun nichts aus mir herausbekommen konnten, schickten sie mich hierher ins Lager.

1. Häftling: Ich glaube, dass der Yakuv mit uns Juden Mitleid hat.

2. Häftling: Warum hat er wohl einen jüdischen Namen? Und wenn er ein gutes Herz hat, warum ist er aber unter die SS-Verbrecher gegangen?

1. Häftling: Vielleicht hat er dadurch seine Familie retten können? Oder er sucht hier unter den Gefangenen seine Angehörigen. Er war bestimmt unbeschnitten geblieben oder stammt aus einer Mischehe. Sag, Herschel, bist du ein orthodoxer Jude gewesen?

2. Häftling: Eigentlich nicht. Nur den Eltern zuliebe bin ich hin und wieder in die Synagoge gegangen. Ich trieb mich lieber bei den Gojmädchen herum. Weil ich so gut tanzen konnte, war ich sozusagen ihr Schwarm. Damals sah ich noch gut aus. Keine von denen würde mich heute wiedererkennen.

1. Häftling: Wussten sie, dass du Jude bist?

2. Häftling: Einige schon. Aber in der Stadt war man tolerant. Die Nichtjuden ließen uns in Ruhe. Nur die Schuljungen belästigten unsere Jungen und Mädchen und riefen ihnen böse Dinge nach oder bewarfen sie mit Steinen. Doch als die Nazischergen kamen, da hatten uns viele Polen denunziert, sodass wir uns nicht mehr verstecken konnten, bevor wir ins Ghetto kamen. Und? Bist du orthodox erzogen worden?

1. Häftling: Ja. strikt. Am Sabbat durften wir keinen Handschlag ausführen, weder spazieren gehen, außer zur Synagoge, noch zu Hause kochen, nähen, Karten spielen, jedoch viel beten.

2. Häftling: Ja, das kenne ich von anderen jüdischen Familien. Meine Eltern waren mir und Tinka gegenüber sehr tolerant.

1. Häftling: Heute ist Sabbat. Ich dürfte heute eigentlich gar nicht arbeiten.

2. Häftling: Hier sind alle religiösen Gesetze aufgehoben. Die meisten SS-Schergen, wenn sie uns beim Beten erwischen, schlagen gleich zu.

1. Häftling: Soll ich den Yakuv mal fragen, ob wir heute am Sabbat langsamer arbeiten dürfen?

2. Häftling: Versuch es. Mein Rücken tut mir wieder vom Bücken verdammt weh.

1. Häftling *zu dem Wachmann*: Herr Yakuv, heute ist unser heiliger Sabbat. Dürfen wir deshalb etwas weniger hart arbeiten?

Yakuv: Tut so, als ob ihr arbeitet. Aber die ersten Beete müssen auf jeden Fall noch heute bepflanzt werden.

1. Häftling: Danke. Gott wird es Ihnen vergelten.

Aus dem Hintergrund erscheinen nun Häftlingsfrauen, von denen jede einen mit Jauche vollgefüllten Eimer trägt

2. Häftling: Da kommen die vom Scheißkommando. Die leeren heute unsere Latrine und schütten das Zeug auf den Beeten da drüben aus, die wir vielleicht morgen schon bepflanzen müssen.

1. Häftling: Das wird uns sicherlich gleich wieder in die Nase steigen.

2. Häftling: Besser den Jauchegestank als den widerlichen Leichengestank vom Krematorium. Vielleicht wissen die, ob meine Schwester noch am Flugplatz arbeitet. *rufend* Weiß jemand von euch, wo Tinka Goldmann aus Radom geblieben ist?

Häftlingsfrau: Ja, sie ist gestern erst ins Frauenlager gekommen.

Häftling *den ersten umarmend*: Sie lebt!

1. Häftling: Wisst ihr zufällig, wo meine Eltern Thelma und Chaim Schnyder aus Kasimirsk geblieben sind?

1. Häftlingsfrau: Eine Thelma Schnyder war bei uns im Lodzer Ghetto. Aber die meisten von uns sind in Viehwaggons nach Kolo transportiert und dann nach Chelmno gebracht worden. Von dort ist noch niemand zurück in ein Ghetto oder in ein Lager gekommen. Ich suche meinen Mann Menachem Zylverstyn. Habt ihr zufällig von ihm gehört?

2. Häftling: Wir haben zwei Menachems in unserm Block. Vielleicht ist er einer von ihnen. Woher kommt er denn?

1. Häftlingsfrau: Aus Czestochowa.

2. Häftling: Ich werde mich erkundigen, und dir, so wir uns hier oder anderswo wieder treffen, Bescheid geben. Oh, da kommt die blutige Brygida.

Von hinten kommt mit einer Peitsche im Gürtel, die Aufseherin Hilde-gard Lächert, die sich den Tarnnamen Brigitte zugelegt hat.

1. Häftling: Jetzt wird sie wieder um sich schlagen. Wann immer sie schlägt, hört sie erst damit auf, wenn Blut fließt. Sie hasst besonders uns Juden.

Die 22-Jährige nähert sich einer Frau, die vor Erschöpfung einen Eimer abstellt.

Brygida: Du da, willst du wohl den Eimer sofort wieder weitertragen!

Sie gibt ihr, die den Eimer sofort wieder aufgenommen hat, einen Tritt, sodass sie umfällt und der Inhalt des Eimers sich über die Stiefel der Aufseherin ergießt

Brygida: Du verdammtes Judenschwein! *Sie schlägt mit der Peitsche auf sie ein.* Los, zieh deine Jacke aus und reinige meine Schuhe, du Drecksau! ... Schneller! ...

Währenddessen wagt es **eine Jauchetragende**, einen männlichen Häftling zu fragen: Hat zufällig jemand von Itzak Leiner aus Rusanivtsi gehört?

2. Häftling: Der ist im Feld III, im Block 7.

Ronia: Danke, danke.

Brygida *der Reinigenden noch einen Tritt verpassend*: Du, da! *auf Ronia zukommend* was hast du gerade mit den Verbrechern geredet?

Ronia: Ich habe sie nur gefragt, ob sie wissen, wo mein Bruder Itzak ist.

Brygida: Du weißt ganz genau, dass es verboten ist, mit männlichen Gefangenen zu reden.

Sie hebt ein Brett auf und schlägt wie wild auf Ronia ein. Diese schreit auf und versucht ihr Gesicht mit den Händen zu schützen.

Brygida: Das wird dich lehren, nie wieder mit den dreckigen Kerlen zu sprechen, du Judensau!

Ronia: Ich bin keine Jüdin!

Brygida: Auch noch lügen! *Sie schlägt noch wilder auf Ronia ein, die inzwischen am Boden liegt.* Steh wieder auf und trage den Eimer dort hinüber! Und solltest Du umfallen, dann sorge ich dafür, dass du nie wieder geradegehen kannst.

Ronia richtet sich stöhnend wieder auf. Sie blutet am Knie, an den Armen, am Bauch und im Nacken.

8. Szene

Auf dem Feld V befindet sich das Frauenlager. Jedes der fünf Felder besteht aus 22 Baracken, den sogenannten Blocks. In den von Frauenhäftlingen bewohnten Blocks sind jeweils 500 bis 600 Frauen untergebracht, die auf dreistöckigen Holzpritschen, mit Papierstrohsäcken versehen, Platz finden, auf denen eine zerschlissene Decke oder ein leerer Zementsack liegt. Nach vorn zur Tür hin befindet sich ein freier Raum. Aus Mangel an Stühlen haben sich hier Frauen niedergesetzt, während einige sich mit dem Rücken an die Wand lehnen. Auf einer Strohmatratze liegt die vor Schmerz wimmernde und manches Mal aufschreiende Ronia. Zwei Frauen sind dabei, deren Wunden zu waschen.

1. Frau: Es ist ein Wunder, dass du die Schläge der blutigen Brygida überlebt hast. Deine Arme und Beine, aber auch dein Bauch und dein Nacken haben Wunden bekommen. Wir waschen sie dir jetzt aus.

2. Frau: Sobald wir den Dreck und die Jauchereste aus den Wunden mit unserem infektiösen Trinkwasser gereinigt haben, werden wir dir aus Mangel an Jod mit Urin die Wunden sterilisieren. Das tut auch nicht so weh.

Ronia: Ich habe Angst, dass ich morgen nicht zum Appell gehen kann, man mich herausholt und dann ins Gas schickt.

1. Frau: Wir werden dich mit nach draußen schleppen, sodass du nicht als Gebrechliche auffällst.

2. Frau: Aus der Näherei haben wir heimlich einige Stoffreste mitgenommen. Die legen wir dir um die tieferen Wunden. Nur morgen früh werden wir sie dir wieder abnehmen, denn findet man Bandagen an Beinen oder anderen Körperteilen, wird die Stute oder die Brygida das sehen und dich herauszerren.

Ronia: Das würde für mich das Ende sein. Ich habe Angst.

3. Frau: Wir alle passen auf dich auf. Du stehst dann in unserer Mitte. Dort wird man deine Wunden nicht so genau erkennen können.

4. Frau: Ja, die Brygida und die Stute, diese Braunheimer, sind richtige Teufelinnen.

5. Frau: Die Brygida ist die Schlimmste. Wisst ihr, was die Hilde, die jetzt auf Nachtschicht in der Schneiderei arbeitet, mir heute Morgen erzählt hat?

6. Frau: Erzähl, was für eine Teufelei die Blutige wieder angestellt hat.

5. Frau: Gestern, als Hilde in der Früh von der Arbeit kam, blieb sie am Zaun zum Kinderlager stehen, in welchem ihr Fünfjähriger mit vielen anderen Kindern vom Baby bis zum 16-Jährigen untergebracht ist. Sie wollte sehen, wie es ihrem Jureczek ergeht und ihm einige

Worte der Ermunterungen zurufen, was ja, wie ihr wisst, verboten ist. Gerade wurde die Morgensuppe verteilt. Und die Größeren unter ihnen nahmen den Kleineren die Schüsseln mit der Suppe weg und schlürften sie schnell aus, während die Kleinen sich schreiend dagegen wehrten.

7. Frau: Ja, die Kleinen und Schwächsten bekommen deshalb keine Nahrung. Und jeden Morgen werden die über Nacht Gestorbenen ins Krematorium gebracht. Diese SS-Bestien! Ich könnte sie alle erwürgen.

3. Frau: Ich glaub, es würde reichen, wenn du Hitler und den Himmler erwürgst, dann hätte dieser ganze danteske Höllenspuk ein Ende.

4. Frau: Nun, Luba, erzähl weiter. Hatte Hilde ihren Sohn entdecken können?

5. Frau: Ja. Sie rief seinen Namen. Er rannte zu ihr an den Zaun und sagte: „Mama, Mama! Nimm mich hier weg!" Inzwischen waren der Muhsfeldt, die Stute, die Brygida und andere SS-Bestien eingetroffen. Und als die Brygida den Jureczek am Zaun entdeckte, eilte sie auf ihn zu, und unter Peitschenhieben zerrte sie ihn weg. Und er rief noch zurück: „Mama! Lauf weg! Hier ist der Tod, hier ist der Tod! Lauf weg!" In diesem Augenblick kamen zwei Lastwagen. Hilde sah nun, wie die Kinder unter Schlägen und Befehlen aufsteigen mussten. Einige zerrte man an den Haaren aus dem Block. Es gab ein großes Geschrei, Gewimmer und Ausrufe wie: „Nein! Ich will nicht sterben!" Und die Stute und die Brygida warfen die ganz Kleinen einfach auf die anderen drauf. Zwei Blocks des Kinderlagers hatte man geleert. Alle wurden zu den Gaskammern gefahren.

4. Frau: War Jureczek auch dabei?

5. Frau *der die Tränen kommen*: Ja. Hilde, wie sie mir unter Tränen berichtete, ist er vor dem Zaun zusammengebrochen.

Einige Frauen weinen.

8. Frau: Ich habe dort noch meine zwei kleinen Zwillinge. Die werden sicherlich auch bald abgeholt. Hilft uns denn kein Gott?

9. Frau: Einen Gott gibt es nicht. Wenn es ihn gäbe, wäre er ein Sadist.

3. Frau: Lästere nicht. Gott ist noch unsere einzige Hoffnung, dass wir überleben. Ich bete jeden Tag zu ihm.

10. Frau: Ich bin erst neu bei euch. Doch im Flughafenlager haben wir ebenfalls von der blutigen Brygida gehört. Stimmt es, dass sie eine Frau von ihren Hund zerfleischen ließ?

9. Frau: Und ob. Eine der Schönsten aus unserem Block machte Stubendienst. Von den höheren SS-Leuten hatte sie wohl einer gesehen und angeordnet, dass sie in ihren Wohn- und Schlafzimmern sauber machte. Und einer von ihnen hatte sie wohl mit Esswaren überredet, mit ihm zu schlafen.

3. Frau: Das hätte ich auch gemacht. Schon für eine Scheibe Brot.

2. Frau: Du bist wohl ein Flittchen? Oder bist du mal auf den Strich gegangenen?

3. Frau: Um nicht zu verhungern, würde ich mit jedem Mann schlafen. Und wenn er noch ein netter dazu wäre, um so besser.

10. Frau: Erzähl weiter.

9. Frau: Das Dumme dabei war, dass die Brygida mit eben diesem Mann ein Verhältnis einging. Und dann muss sie wohl die beiden in flagranti ertappt haben. Mittlerweile hatte unsere Wladka, eine Jüdin aus Warschau, einen dicken Bauch bekommen. Und Brygida brütete wohl Rachegedanken. Dann kam sie mit ihrem deutschen Schäferhund, um wieder ihre satanische Wut an irgendwem auszulassen. Da entdeckte sie Wladka, die von der Latrine kam. Und sie deutete auf Wladka und gab dem Hund zu verstehen, sich auf sie zu stürzen, indem sie rief. „Fass! Fass!" Ich habe alles beobachtet.

10. Frau: Weiter.

9. Frau: Dieses Höllentier hatte schon auf ihr Geheiß hin viele Gefangene angefallen und sogar ein Kind totgebissen. Zuerst zerriss es Wladkas Kleider. Sie stürzte auf den Boden und schrie um Hilfe. Wir waren wie erstarrt. Der Bauch lag frei, und der Hund biss hinein, bis die Gedärme...

Mehrere Frauen: Hör auf! Ich kann es nicht nochmals mit anhören! Entsetzlich!

10. Frau: Wie kann eine Frau so etwas Teuflisches tun?

4. Frau: Sie soll selbst zwei Kinder daheim im Reich haben.

10. Frau: Und eine Mutter ist sie auch noch! Das ist unfassbar.

6. Frau. Und einigen Kindern hat sie mit dem schweren Kochlöffel auf den Kopf gehauen, bis sie bluteten!

10. Frau: Solch eine Frau gibt es bestimmt kein zweites Mal in der SS.

3. Frau: Die Stute steht ihr nur wenig nach. Wir nennen sie deswegen Kobyla, weil sie mit ihren mit Eisennägeln versehenen Stiefeln einherschreitet wie ein Pferd. Du bist ihr wahrscheinlich noch nicht begegnet. Sie steht rangmäßig zwar über der Brygida, aber unter der Ehrich, unserer Schutzhaftlagerführerin. Doch an Grausamkeit stehen sie der Brygida nicht viel nach.

7. Frau: Die Stute hatte einmal ein Stubenmädchen beim Rauchen erwischt. Daraufhin hatte sie derart zugeschlagen, dass das Trommelfell geplatzt war.

6. Frau: Einmal schlug sie eine Frau derart, weil sie ihre Häftlingsnummer nicht korrekt angenäht hatte, sodass sie nicht mehr von allein aufstehen konnte.

1. Frau: Und einem Jungen, welcher der Gaskammer entfliehen wollte, schoss sie in den Rücken.

4. Frau: Und einmal hatte ein Mann, als die Männer von den Frauen und Kindern getrennt wurden, heimlich seinen kleinen Sohn im Rucksack behalten, weil er wusste, dass die Selektierten in die Gaskammern geführt wurden. Doch das Kind hatte sich im Rucksack bewegt. Als die Kobyla das sah, schlug sie mit der Peitsche auf den Rucksack und den Mann ein. Und als er sein Kind aus dem Rucksack hervorholte, hielt sie nicht mit dem Schlagen ein.

4. Frau: Vielleicht hat sie auch an den Peitschenstriemenenden Metallkügelchen anbringen lassen wie die Brygida.

5. Frau: Ja, deshalb bluten wir immer, sobald sie uns geschlagen hat. Sie will Blut sehen. Besonders auf uns Jüdinnen hat sie einen ausgesprochenen Hass.

2. Frau: Wie so viele von den SS-Männern aus undefinierbaren Gründen alle Juden hassen. Über deren Gemeinheiten können die Männer auf Feld III so manch Schreckliches berichten.

10. Frau: Gibt es denn keine einigermaßen anständigen Aufseherinnen?

2. Frau: Doch, die Böttcher, das Perlchen. Sie schlägt nur mal zu, wenn die Ehrlich oder die Stute dabei sind, um sich nichts vorwerfen zu lassen.

5. Frau: Manche nennen sie auch Mäuschen, da sie so klein ist und so schnelle Schritte vollführt. Als wir im Februarwinter unter ihrer Begleitung ohne ausreichende Winterbekleidung eine Arbeit verrichten mussten und dabei vor Kälte zitterten, erlaubte sie uns, zusammenzustehen, um uns gegenseitig zu wärmen.

7. Frau: Und wenn wir einmal ein Paket zugeschickt bekommen, muss immer eine Aufseherin den Inhalt überprüfen. Und alles, was ihr schmeckt oder was ihr an Geschriebenem verdächtig erscheint, wird weggenommen. Während die Brygida aus Gemeinheit zum Beispiel Zucker- und Salztüten öffnet und dann mit einander vermischt, drückt unser Perlchen immer ein Auge zu und überlässt uns alle guten Sachen.

6. Frau: Auch die Lotti ist anständig. Sie drückte auch beide Augen zu, wenn wir von den Kartoffelmieten heimlich ein paar Kartoffeln ins Lager schmuggelten.

8. Frau: Und sie sieht und hört auch weg, wenn wir beim Vorbeigehen einem Männerkommando begegnen und gegenseitig Informationen austauschen.

4. Frau. Und als wir fast vor Durst umfielen, hat sie uns Wasser besorgt.

3. Frau: Auch trägt sie im Unterschied zu den anderen keine Peitsche.

10. Frau: Ja, ich kenne sie noch aus dem Flughafenlager. Sie gehörte dort zu den nettesten Aufseherinnen. Aber es gab auch Biester. Warum sind die Aufseherinnen hier und dort so jung, so etwa Anfang bis Mitte Zwanzig?

7. Frau: Da kann man sie immer noch ideologisch beeinflussen. Denn sie kommen ja alle aus dem KZ Ravensbrück. Dort werden sie für ihre Arbeit als Aufseherinnen gedrillt, und man züchtet ihnen einen besonders starken Judenhass an.

5. Frau: Der wurde ihnen doch schon beim BDM oder in der Schule eingeimpft. Die Naziideologie samt dem Judenhass wurde ihnen seit Hitlers Machtergreifung eingetrichtert. Denkt doch an die Rassengesetze und besonders an die Reichskristallnacht, als in Deutschland alle Synagogen in Flammen aufgingen.

2. Frau *zu Ronia*: Nun, jetzt haben wir dir alle Wunden mit Urin nachgesäubert. Wir legen dir jetzt noch Lappen um die Wunden. Wir hatten sie noch waschen können. Doch morgen vor dem Appell müssen sie wieder runter. Du weißt, warum.

Ronia: Ja, gewiss. Vielleicht sterbe ich heute Nacht. Ich habe erfahren, dass mein Bruder Itzak auf dem Feld III in Baracke 7 untergebracht ist. Hat jemand von euch Beziehung, einen Kassiber dorthin zu schmuggeln?

4. Frau: Mein Vetter ist auf dem dritten Feld. Ich sehe ihn manchmal, wenn wir bei den Mieten Rüben für die Küche holen. Was soll er dem Itzak ausrichten?

Ronia: Er möge ihm sagen, dass ich hier im Frauenlager im Block 18 liege und dass ich jeden Tag gebetet habe, dass er am Leben bleibt. Und dass ich ihn liebe. Er soll nicht aufgeben. Die Deutschen verlieren den Krieg. Die Russen treiben die deutschen Armeen zurück. Dann werden sie auch uns befreien.

2. Frau: Hoffentlich hast du Recht.

1. Frau *sich erhebend*: So, jetzt wird es Zeit, dass wir uns schlafen legen. Morgen kommt wieder ein anstrengender Tag auf uns. Die

Frauen stehen auf, und vier von ihnen helfen, Ronia zu ihrer Schlafpritsche zu bringen, während eine andere Frau die Matratze hinterherzieht.

11. Frau *von weiter hinten*: Wollt ihr noch zum Abschluss einen jüdischen Witz hören?

Eine andere: Hör nur auf mit Witzen. Mir ist schon längst alles Lachen vergangen. Lachen tun nur noch die SS-Aufseher und die Wachmannschaften.

11. Frau: Wer nicht mehr lachen kann, hat schon aufgegeben.

Eine andere Stimme: Also los. Bring uns zum Lachen. Wir haben ja sonst nichts zu lachen.

11. Frau: Der Oberrabbiner von Jerusalem besucht den Papst in Rom.

Eine Stimme: Der ist ein Feigling. Der lässt sich von Hitler verschaukeln. Der tut nichts für uns Katholiken.

Eine andere Stimme: Der steckt doch mit den Nazis unter einer Decke. Der ist doch froh, wenn alle Bistümer von Juden gereinigt sind. Die hassen uns doch genauso wie die Nazis.

Eine Stimme: Erzähl weiter, damit ich endlich mal lachend einschlafen kann.

11. Frau: Der Oberrabbiner sieht ein goldenes Telefon und fragt, warum er ein goldenes Telefon habe. Und der Papst antwortet: Damit kann ich mit Gott telefonieren.

Eine Stimme: Solch ein Blödsinn!

Eine andere Stimme: Halt die Schnauze! Weiter! Ich will endlich lachen.

Jene andere Stimme: Du hast dir ja schon den Jargon der SS angeeignet.

Wieder eine Stimme: Ruhe, wir wollen endlich den Witz zu Ende hören.

11. Frau: Wenn ihr mich dauernd unterbrecht, sind wir noch um Mitternacht nicht fertig.

Eine Stimme: Also, was ist jetzt mit dem Telefon?

11. Frau: Und der Rabbi fragt den Papst, ob er auch einmal mit Gott telefonieren dürfe. Das erlaubt ihm der angebliche Vermittler zwischen Gott und den Menschen. Aber er weist ihn darauf hin, dass solch ein Gespräch ein Ferngespräch sei und als solches ihm viel kosten würde. Doch der Rabbi meint, dass ihm ein Gespräch mit Gott nie zu teuer sei. Also ruft er Gott an und unterhält sich mit ihm.

Eine Stimme: Und was sagt Gott zu ihm? Zürnt er ihm? Etwa, weil alle seine Judenkinder die Gebote, jene 613 Mitzwot, nicht strikt eingehalten haben, weshalb sie nun alle umgebracht werden müssen? Oder sagt er ihm was Tröstliches?

11. Frau: Darum geht es doch nicht bei diesem Witz. Also seid still und hört zu. Doch eines Tages besucht der Papst den Oberrabbiner in Jerusalem.

Eine Stimme: Der wird nie nach Jerusalem kommen. Der hasst uns doch.

Eine andere Stimme: Jetzt erzähl endlich weiter. Ich schlaf sonst ein.

11. Frau: Der Papst entdeckt bei dem Rabbi ebenfalls ein goldenes Telefon und fragt: „Ist das auch ein Telefon, um ein Gespräch mit Gott herzustellen?" Und der Rabbi antwortet: „Ja, gewiss doch. Du kannst nun auch Gott anrufen." Und der Papst sagt: „Ich habe aber nicht so viel Geld bei mir, um das Ferngespräch zu bezahlen." „Oh", entgegnet der Rabbi, „es ist nur ein Ortsgespräch."

Einige Stimmen imitieren ein Lachen.

Eine sagt: Danke, du hast mich wenigstens zum Schmunzeln gebracht.

Eine andere Stimme: Von unserem Lager aus wäre ein Gespräch zu Gott nicht zu bezahlen, denn er wohnt Milliarden Lichtjahre von uns entfernt.

9. Szene

Es ist früh am Morgen. Die Frauen wurden um 4 Uhr geweckt. Sie hatten ihre Pritschen zu ordnen. Dann gibt es das Frühstück, gewöhnlich bestehend aus Kräutertee oder Kaffeeersatz und zwei Stück Brot. Einige Frauen sitzen oder stehen vor ihrem Block und essen noch.

1. Frau: Heute statt des Morgentees gibt's wieder eine stinkige Suppe. Das Fett darin ist wohl ranzig.

2. Frau: Uns mischen sie die Abfälle aus der SS-Kantine in die Suppe.

1. Frau: Gestern habe ich sogar ein Stück Wurst in der Suppe gefunden.

2. Frau: Die hat bestimmt ein SS-Mann, weil sie ihm nicht mundete, wieder ausgespuckt.

1. Frau: Pfui, wie kannst du so etwas sagen. Du verdirbst mir ja den Appetit.

2. Frau: Appetit? Als ob man bei solch einem Fraß noch von Appetit sprechen könnte.

1. Frau: Diese Suppe und das Stückchen Brot geben uns für eine Stunde das Gefühl, halbwegs satt zu sein. Doch dann stellt sich der Hunger sofort wieder ein, und wir können es nicht mehr abwarten, mittags zurückzukehren, um uns wieder solch eine Suppe einzuverleiben. Ich habe bestimmt schon 40 Pfund abgenommen.

2. Frau: Hoffentlich komme ich heute wieder in ein erträglicheres Arbeitskommando und nicht wieder in das Scheißkommando.

1. Frau: Am liebsten wäre mir heute der Küchendienst. Da kann man mal heimlich eine Kartoffel mopsen.

2. Frau: Doch wenn du erwischt wirst, haut man dich windelweich.

1. Frau: Der Hunger lässt oft alle Vorsichtsmaßnahmen hinter sich.

2. Frau: Hast du gesehen, was man mit den Männern gemacht hat, die angeblich Rüben geklaut haben sollen?

1. Frau: Was?

2. Frau: Die hat man einen ganzen Tag lang an den Zaun angebunden und ihnen eine Rübe in den Mund geschoben. Wachen passten auf, dass sie weder hineinbeißen noch sie ausspucken konnten.

1. Frau: Die SS übertrumpfen sich in sadistischen Einfällen. Wem die skurrilsten Quälereien an uns einfallen, der wird sicherlich bei ihnen groß bewundert.

3. Frau: Gestern hat man im Block 15 die große Selektion vorgenommen. Ich habe das Gefühl, dass wir heute dran sein könnten.

2. Frau: Oh weh, dann wird ein großes Zetern beginnen. Gott sei Dank bin ich noch halbwegs bei Kräften.

3. Frau: Aber du bist schon ein älteres Kaliber. Da kann es leicht sein, dass der Muhsfeldt oder die Ehrich auf dich deuten. Dann prügeln sie dich aus den Reihen raus. Und dann geht es ab ins Gas. Und dein letzter Gruß an uns ist dein süßlicher Gestank, der aus dem Krematoriumschornstein zu uns herüberweht.

4. Frau: Hoffentlich müssen wir nicht heute wieder beim Appell so lange stehen, bis alle durchgezählt sind.

3. Frau: Wenn sich wieder eine versteckt hat, können wir wie letzte Woche fünf Stunden stehen. Wer dabei aus Entkräftung umkippt, geht ins Gas.

1. Frau: Das ist dann die natürliche Selektion der Schwachen. Das machen die extra, um alle unnötigen Esser zu liquidieren.

2. Frau: Da kommen auch schon die Ehrich, die Stute und die anderen SS-Biester. Die Brygida ist auch dabei. Passt auf, dass sie nicht irgendetwas an euch auszusetzen finden.

*Es erfolgen von ihnen aufgeregte Rufe nach innen in den Block wie:
„Achtung! Sie kommen!"*

10. Szene

Die Oberaufseherin Ehrich, ihre Adjudantin Braunsteiner, dahinter andere Aufseherinnen, unter ihnen die Brygida. Sie postieren sich vor dem Block 13.

Ehrich *schreiend*: Alle aus Block 13 sofort in Fünferreihen aufstellen!

Die übrigen Aufseherinnen stürmen in den Block. Die Häftlingsfrauen kommen hastig hervor und stellen sich auf. Unter ihnen, noch etwas humpelnd, ist auch Ronia, die von zwei Frauen in die hinterste Reihe in die Mitte gestellt wird. Sie hatte sich noch während des Herausgehens die um ihre Wunden gelegten Tücher abgerissen. Die Stute treibt mit Peitschenschlägen eine Frau, die zu langsam heraushumpelt, aus dem Block. Brygida zieht eine andere an den Haaren herbei. Diese schreit.

Brygida: Du alte Sau wolltest dich wohl verstecken? Da stell dich auf! Und wehe, du kippst um, dann ist es um dich geschehen.

Nachdem sich alle etwa 600 Frauen aufgestellt haben, gehen die Stute und Brygida durch die Reihen.

Brygida *mit der Hand eine Frau schlagend*: Kannst du wohl dein freches Grinsen sein lassen!

Frau: Ich habe gar nicht gegrinst.

Brygida: Auch noch Widerworte geben, was? *Und sie schlägt noch kräftiger zu.*

Oberaufseherin Ehrich: Durchzählen!

Jede Frau sagt der Reihe nach die nächstfolgende Zahl.

Ehrich *nachdem alle gezählt sind*: Da fehlen zwei. Den Block durchsuchen!

Alle Aufseherinnen stürmen nun zurück in den Block.

Eine Frau *zu ihrer Nachbarin:* Ja, die Ruhla fehlt. Die hatte solch eine Angst, dass sie heute ins Gas muss. Die hat sich wohl unter einer Pritsche verkrochen.

Die Stute *zieht eine ältere Frau am Ohr herbei:* Die glaubte wohl, dass sie sich verstecken könnte.

Sie schubst sie zu Boden, nimmt ihre Peitsche, und schlägt unter dem wilden Schreien der mit beiden Händen sich Schützenden ein.

Ehrich: Die kann gleich liegen bleiben. Die werden wir nachher wegführen.

Eine Frau *flüsternd zu der neben ihr Stehenden:* Die Griechin kommt bestimmt ins Gas.

Die anderen Aufseherinnen kehren nun aus dem Block zurück. Sie geben der Oberaufseherin ein Zeichen, dass niemanden mehr zu finden ist.

Ehrich: Nun gut. Ihr alle bleibt so lange stehen, bis wir die Fehlende gefunden haben. Und nun rufe ich der Liste nach alle Nummern auf. Jeder ruft hier, wenn die Nummer genannt worden ist. Dann werden wir schon feststellen, wer fehlt. 7312!

Hier! 5620!

Hier! 18645!

Hier!

12967! ... Kein Hier!? ... Kennt jemand die 12967?

Eine Frau: Es ist die junge Janka.

Ehrich: Ihr bleibt so lange stehen, bis wir sie finden! *Zu ihren Helferinnen:* Los, durchsucht die Küche, die Latrinen, die übrigen Blocks. Überall. Sollte ein Block sie versteckt haben, dann werden wir dort eine Sonderselektion vornehmen.

Die Aufseherinnen eilen los.

11. Szene

1. Frau: Jetzt stehen wir schon über zwei Stunden. Da, die Olga ist schon umgefallen. Hinten liegen auch schon zwei auf dem Boden. Ich werde auch bald umfallen.

2. Frau: Rutsch ein wenig zu mir weiter rüber und lehn dich an meine Schulter.

1. Frau: Nein, das ist zu gefährlich. Wenn die Stute oder die Brygida das sieht, schlägt sie mich nieder.

4. Frau: Schaut, da hält der Wagen vor dem Eingang! Das sind die SS-Ärzte und der Muhsfeldt. Hoffentlich kommen sie nicht zu unserem Block.

3. Frau: Der Muhsfeldt kommt! Unserer Block wird heute selektiert.

Der Chef des Krematoriums Muhsfeldt, die beiden SS-Ärzte Dr. Rindfleich und Dr. Blanke sowie der Schutzhaftlagerführer Thumann betreten das Gelände und bleiben vor den Aufgestellten stehen.

Muhsfeldt *zur Oberaufseherin*: Ihre Meldung ist bei uns eingetroffen. Eine aus diesem Block ist heute Nacht ausgebrochen.

Thumann: Die wird nicht weit kommen. Sie hat, wie wir entdecken konnten, unter den beiden Zäunen ein Loch mit den Händen gebuddelt und ist über die Felder davon. Spürhunde sind schon auf ihrer Fährte. Sie wird sicherlich bald gefunden werden. Da muss wohl der ukrainische Wachhabende auf dem Turm geschlafen oder vergessen haben, mit dem Scheinwerfer gründlicher das Feld V abzuleuchten. Den werde ich mir vorknöpfen.

Muhsfeldt: Haben Sie schon auf der Liste vermerkt, wer heute abgeführt wird?

Oberaufseherin Ehrich: Ich habe auf dieser Liste fünf Nummern angekreuzt von alten oder mir doch als gebrechlich oder arbeitsscheu erscheinenden Frauen.

Muhsfeldt: Das sind viel zu wenige. Wir brauchen Platz. Ein neuer Transport kommt morgen an. Mindestens 30 Frauen müssen aus diesem Block aussortiert werden. *Zu den beiden Ärzten gewandt:* Meine Herren, gehen wir ans Werk.

Die drei gehen nun durch die Reihen. Sie bleiben musternd vor der einen oder anderen Frau stehen. Sobald sie eine Frau als arbeitsunfähig herausgefunden haben, geben sie ein Zeichen. Und die Aufseherinnen zerren diese sich oft wild gebärdenden Frauen hervor. Einige fügen sich schweigend in ihr Schicksal. Andere haben die Hände gefaltet und bitten um höheren Schutz. Jene, an denen die Selektierer unbeanstandend vorbeigegangen sind, atmen erleichtert auf.

Eine Frau: Nein, ich will nicht vergast werden! Lassen Sie mich hier.

Brygida: Du bist als Faulpelz bekannt. Jetzt ist es aus mit Faulenzerei.

Frau: Ich verspreche, von nun ab immer fleißig zu sein.

Brygida *lachend* Das hättest du dir vorher überlegen müssen. Nun raus aus der Reihe! Und stell dich drüben zu den anderen! *Sie drischt noch auf sie ein. Schließlich steht die Weinende bei der Gruppe der schon an der Seite Ausselektierten.*

Eine aus dieser Gruppe: Ich wusste es ja, dass ich heute ins Gas muss.

Die Stute zieht eine ältere Frau hervor, die sich sträubt und dennoch, um die heftigen Schläge abzuwehren, sich aus der Reihe hervorziehen lässt.

Diese Frau *in der Gruppe stehend, ruft auf Französisch:* Annette! Bleibe du am Leben. Wenn du Jean-Jacques noch sehen solltest, sage ihm, wir sehen uns alle im Jenseits wieder.

Ihre Tochter *tritt aus den Reihen hervor und ruft:* Ich will mit meiner Mutter gehen. *Und sie drängt die sie packende Oberaufseherin zur Seite und will zu der Gruppe der Aussortierten eilen.*

Muhsfeldt *sie mit der Peitsche in der Hand zurückhaltend:* Du Dumme, du kannst noch leben.

Sie: Dort ist meine Mutter. Ich muss bis zum Ende bei meiner Mutter bleiben.

Muhsfeldt *zur Oberaufseherin*: Wie kann man nur so dumm sein. Nun ja. Jeder ist seines Glückes Schmied.

Thumann: Auch wenn wir die Schmiede sind, die sie auf den Amboss legen und draufhauen. *Sie lachen.*

Muhsfeldt: Übrigens hat mir der Florstedt heute mitgeteilt, dass wir auf Anordnung aus Berlin für den Herbst mit Sonderaktionen besonderen Ausmaßes zu rechnen haben. Wir müssen ein neues größeres Krematorium bauen mit mindestens fünf bis acht Öfen, sodass wir am Tag bis zu 1.000 Leichen verbrennen können.

Thumann: Und wo sollen diese stehen?

Muhsfeldt: Unser Kommandant hat vorgeschlagen, sie oberhalb des fünften Feldes bauen zu lassen.

Thumann: Warum so nah am Lager? Dann stinkt ja alles noch mehr nach verbranntem Fleisch.

Muhsfeldt: Aber bis zu unserem Wohnbereich wird der Gestank wohl selten kommen. Und außerdem halten wir uns ja oft in der Stadt im Kasino oder im Deutschen Haus auf. Dort sind wir frei von dem elenden Gestank, der zum Kotzen ist. Machen wir hier nun Schluss. Die 30 lassen wir jetzt abführen. Und dann raus aus dem Gestank. Ah, da wird ja die Ausreißerin gebracht. Die wird gehängt.

Die 17-jährige Janka wird von zwei Wachmännern an den Armen herbeigeführt

Muhsfeldt: Warum wolltest du fliehen? Du bist doch kräftig gebaut und brauchtest nicht zu fliehen. Dir passiert doch hier nichts. Ich sollte dich jetzt eigentlich zu jener Gruppe schicken, die gleich den Todesmarsch anzutreten hat. Aber du sollst nun einem schnelleren Tod entgegengehen. *Laut zur Oberaufseherin*: Lassen sie diese hier zum Galgen bringen.

Dieser steht inmitten des Feldes. Die beiden Wachmänner bringen die junge Frau dorthin, während die Ehrich einer Aufseherin ein Zeichen gibt, einen Hocker aus einem Block zu holen.

Janka *zu den Frauen in der ersten Reihe*: Bitte vergebt mir, dass ihr meinetwegen so lange stehen musstet. Ich wollte leben.

Muhsfeldt *indem er sich an die noch immer in der Reihe Stehenden mit lauter Stimme wendet*: Jede von euch, die es ebenfalls wagen sollte, unerlaubt und ohne Bewachung das Lager zu verlassen, wird ein gleiches Schicksal beschieden sein. *Und zur Stute und den anderen Aufseherinnen gewandt*: Zwingt alle hier Stehenden dazu, zuzusehen.

Er begibt sich mit den Ärzten und Thumann zum Galgen. Man bringt den Hocker herbei. Janka wird nun aufgefordert, auf den Hocker zu steigen. Sie kommt dem ohne Zögern nach. Muhsfeldt legt ihr die Schlinge um den Hals.

Janka *den Frauen zurufend*: Vergesst mich nicht!

Muhsfeldt tritt nun den Hocker unter ihren Füßen weg.

Einige Frauen haben inzwischen ein polnisches Kirchenlied angestimmt.

Brygida: Schnauze halten!!

Sie schlägt auf die Singenden ein. Muhsfeldt gibt das Zeichen, die 30 Frauen zu den Gaskammern zu führen. Viele Frauen weinen.

12. Szene

Im Feld III befindet sich das Männerlager. Die Baracken werden Blocks oder auch Pferdeställe genannt, da es hier keine Pritschen gibt und die Häftlinge auf dem Boden schlafen. Zum Block 7 wird in Kübeln das Essen getragen.

Stubenältester: Stellt euch der Reihe nach hin.

Nun wird mit einer Schöpfkelle jeweils eine Füllung auf einen der dargereichten Blechteller oder in einen Essbehälter verschiedenster Art geschüttet.

Ein Häftling: Herr Stubenältester, die Kelle war nur halb voll.

Stubenältester: Wenn nachher noch was übrig bleiben sollte, dann bekommst du nochmals eine halbe Kelle. Wir haben heute 42 Neue. Für die war die Suppe noch nicht vorgesehen. Jeder bekommt deshalb etwas weniger.

Häftling aus Zamorcz: Aber selbst die doppelte Portion ist noch viel zu wenig.

Rabbi *der seine Schüssel nun gefüllt bekommt*: Tröste dich, morgen gibt es für jeden von unserem Block eine doppelte Portion.

Jude aus Zamorcz: Wie denn das?

Rabbi: Ich habe heute den Lagerführer von seinen Nierenschmerzen heilen können.

Ein anderer Häftling: Bist du verrückt? Anstatt ihn zu heilen, solltest du ihm Gift geben. Er ist der größte Sadist des ganzen Lagers.

Rabbi: Und der Lagerführer hat dann entschieden, uns allen im Block 7 morgen eine doppelte Portion zu bewilligen. *Und zu dem, der nur eine halbe Kelle Suppe bekommen hat*: Hier, du kannst meine Suppe haben.

Er schüttet diese in dessen Napf.

Jude aus Zamorcz: Aber dann hast du ja nichts zum Essen?

Rabbi: Ich verhungere schon nicht.

Jude aus Zamorcz: Du warst ja heute auf dem Krankenrevier. Vielleicht hast du dich dort satt essen können.

Kapo *einem mit dem Knüppel auf den Kopf hauend*: Du, dir werd ich's geben, dich vordrängeln zu wollen. Heute Abend bekommst du keine Suppe. Marsch, in den Block!

Häftling *vor ihm niederkniend*: Bitte, bitte! Haben Sie Nachsicht. Ich habe solch einen Hunger, dass ich den Verstand verloren hatte.

Kapo: Hier hungert jeder. Und deinen Verstand will ich wachklopfen, damit er dir hilft, dich nie wieder vorzudrängeln.

Er schlägt jetzt nochmals heftig auf ihn ein, bis dieser zu Boden fällt. Und während der Geschlagene zurückkriecht, wird er noch getreten Der Rabbi geht zu diesem und ist ihm beim Aufstehen behilflich, in den Block zu gehen.

Ein Jude aus Lwow: Habt ihr gehört? Er hat den Thumann geheilt? Vielleicht hat dieser Mörder jetzt nicht mehr solch einen Hass auf uns Juden, nachdem er etwas Gutes von einem Rabbi empfangen hat.

Polnischer Häftling: Der hasst uns doch genauso. Noch vor kurzem gefiel ihm eines unserer Gesichter nicht. Und dann holte er aus und schlug ihn mit einem gezielten Faustschlag nieder. Ja, er gibt vor seinen SS-Untergebenen an, mit einem Schlag einen vollausgewachsenen Mann töten zu können.

Ein Jude aus Bialstok: Und die anderen wollen es ihm nachtun. Da seht, was der Kapo wieder angerichtet hat. Wir alle zittern nicht nur vor der SS und ihren Helfern, sondern auch vor den Häftlingen, die im Block das Sagen haben und sich aufspielen wie die SS-ler Thumann, Laurich, Villain und Groffmann. Und dieser Groffmann, der Jüngste von allen, holt sich gerne nach Willkür einen aus der Reihe und schlägt ihm so lange ins Gesicht, bis er am Boden liegt. Dann treten seine Kumpane ihn so lange, bis er tot ist. Das Feld III ist das Todesfeld.

Polnischer Häftling: Nicht zu vergessen die Kuh, jenen SS-Feldführer Großberg. Der führt oft, nachdem wir erschöpft von der Arbeit kommen, mit uns noch Strafexerzitien durch. Wir müssen über Schemel oder seinen in Kniehöhe gehaltenen Stock springen. Und wenn einer es nicht schafft, dann lässt er seinen Stock auf ihn niederfahren, bis Blut kommt.

Jude aus Lwow: Der Lagerführer soll früher mal Frisör gewesen sein.

Polnischer Häftling: Ja, die früher mal ganz klein in der Gesellschaft waren, können sich jetzt in der SS groß aufspielen und ihre sadistische Macht auskosten.

Jude aus Bialstok: Und derjenige, der das ganze Leid über uns und viele Völker gebracht hat und von dem alles ausgeht, war ein Tagelöhner, der noch nicht einmal einen ordentlichen Schulabschluss hatte.

Jude aus Pressburg: Aber dafür eine sehr große Klappe. Man muss der Masse nur mit aller Überzeugung das Blaue vom Himmel vorlügen, und schon hängt sie ihm an.

Polnischer Häftling: Die Suppe schmeckt heute mal wieder nach faulen Rübenblättern. Hier schaut! Ich habe sogar eine Made darin.

Jude aus Pressburg: Wenn es ein Regenwurm gewesen wäre, hätte ich dich gebeten, ihn mir zu überlassen, denn da ist doch noch eine kleine Portion mehr Fleisch dran.

Jude aus Lwow: Wisst ihr, was meine Mutter zum Sabbat auf den Tisch stellte?

Jude aus Bialstok: Was?

Jude aus Lwow: Klöße und koscheres geräuchertes Lammfleisch. Und als ich es aufschnitt, waren lauter Maden darin.

Jude aus Bialstok: Und? Hast du alles gegessen?

Jude aus Lwow: Nein, ich bin aufgestanden und weggelaufen. Und heute würde ich mich mit Wonne auf solch ein nahrhaftes Essen stürzen.

Polnischer Häftling: Ich wäre heute beinahe vor Hunger und Schwäche umgefallen. Ich hatte mir vorgenommen, heute gegen den elektrischen Zaun zu rennen, und ab in den Himmel. Aber da kam ein polnischer Arbeiter, der hier als Schreiner bei dem Barackenbau aushilft, an mir vorbei. Und er sah an meiner Brust den Winkel mit einem P. Da ließ er eine ganze Butterbrotstulle fallen. Ich hob sie sogleich auf und steckte sie mir unter die Achsel, damit sie bei der Lagertorkontrolle nicht gefunden und weggenommen wird samt der zu erwartenden Tracht Prügel.

Jude aus Bialstok: Mensch, hast du ein zufälliges Glück.

Polnischer Häftling: Das hat nichts mit Zufall und Glück zu tun. Versteht ihr denn nicht, was das für mich bedeutet? Ich wollte heute Abend mein Leben enden und in den Himmel gehen. Doch der Himmel schickt mir diesen zivilen Arbeiter. Gott will noch nicht, dass ich schon sterbe. Das war ein Zeichen von Ihm.

Jude aus Bialstok: Uns Juden schickt Er kein Zeichen. Wir werden noch alle durch den Schornstein gejagt. Und sollten wir zu diesem Gott kommen, dann werden wir Ihn fragen: Warum hast Du uns verlassen?

Jude aus Lwow: Gott steht jetzt auf der Seite der SS. Auf deren Gürtel steht: Gott mit uns.

Jude aus Bialstok: Die sollten lieber ehrlich sein und auf den Gürtel schreiben: Der Teufel mit uns.

Polnischer Häftling: Ja, das stimmt. Es sind wahre Teufel. Und sie lügen und stellen sich als Lieblinge Gottes dar.

Jude aus Lwow: Von denen glaubt doch keiner an Gott. Das sind doch Atheisten. Wenn die an Gott glauben würden, dann hätten sie Angst vor Seinem Strafgericht nach dem Tod. Denn die verstoßen doch alle gegen das Gebot: Du sollst nicht töten...

Polnischer Häftling: ... und Jesu Gebot: Liebe deinen Nächsten wie dich selbst.

1. Häftling: Warum geben die uns nicht mehr zu essen? Dann wären wir doch kräftiger und könnten mehr leisten?

2. Häftling: Nein, die wollen doch, dass wir an Entkräftung sterben. Dann brauchen sie uns nicht mehr in die Gaskammern zu treiben. Deren Kapazität ist doch zu gering, uns alle zu ermorden.

3. Häftling: Fast jeden Tag kommen Neue. Da brauchen sie Platz. Sie wissen nicht, wohin mit uns vielen. Sie sind froh über jeden, der verhungert, an Krankheit stirbt oder gar von einem dieser Privatmörder niedergehauen wird. Ja, der Kapo ist ein deutscher Berufsverbrecher, der aus Buchenwald hierher geschickt worden ist mit einigen seiner

Häftlingskollegen, die zwar Gefangene sind, aber viele Privilegien haben...

4. Häftling: ... und sich meist schon in der Küche satt essen...

3. Häftling. ... und somit schon einen Teil der uns zustehenden Suppe und Brotscheiben wegfressen. Die haben selbst Angst, in Ungnade vor der SS zu fallen. Deshalb imitieren sie sie. Somit bleiben sie als Funktionshäftlinge Handlanger der Mörderbande.

5. Häftling: Unser Kapo und selbst der Stubenälteste haben schon manchen totgeschlagen.

6. Häftling Neuzugang: Sagt mal, gibt es denn hier keine Pritschen?

3. Häftling: Wir auf Feld III haben nur Pferdeställe. Wir schlafen alle auf dem Boden. Die auf den anderen vier Feldern haben zumeist Baracken mit Dreierpritschen. In unserem Block wird es immer enger. Jetzt liegen hier auf dem Stroh fast 800 Häftlinge. Und manche schlafen direkt auf dem Fußboden, weil das Stroh schon stinkig geworden war und ausgemistet wurde. Aber erst im August können wir mit neuem Stroh rechnen.

2. Häftling: Wenn wir dann noch leben sollten. Jeden Morgen werden 10 bis 20 nachts Verstorbene vor den Block gelegt, und dann nach dem Appell kommen die Leichenträger, sammeln die Leichen vor jedem Block ein und bringen sie zum Krematorium. Und wenn die Öfen, was oft geschieht, überlastet sind, werden auch die Leichen auf aufgebockten Schienen hinter der Gärtnerei verbrannt.

7. Häftling Neuzugang: Stinkt es hier immer so bestialisch nach geschmortem Fleisch?

1. Häftling: Wenn der Wind vom Westen her weht, dann erbrechen sich einige der Neuankömmlinge. Aber man wird sich schnell daran gewöhnen. Ich hoffe, ihr alle habt aus dem Gefängnis in Radom keine Läuse oder Flöhe mitgebracht? Denn wir haben hier über und über genug von diesen gemeinen Biestern.

8. Häftling Neuzugang: Wir mussten doch im Bad nackend in eine Desinfektionswanne eintauchen, bevor wir heiß und kalt geduscht wurden. Einen von uns, der zögerte, sich in das stinkige Wasser hineinzusetzen, tauchte ein SS-Mann dort hinein. Und er drückte den Kopf des Zappelnden so lange runter, bis dieser kein Lebenszeichen mehr von sich gab.

2. Häftling: Solche und ähnliche Geschichten können wir Hunderte erzählen. Ihr seid also politische Gefangene?

8. Häftling: Die SS-Polizei in Radom vermutete, dass wir zu der Widerstandsorganisation gehörten. Wir wurden gefoltert. Mir wurden einige Zähne gezogen und sogar dieser Finger wurde zur Hälfte mit einer Zange abgezwackt.

3. Häftling: Was wisst ihr vom Krieg? Wir kriegen ja hier nur Gerüchte mit, die sich oft euphorisch anhören. Stimmt es, dass die Sowjets die Deutschen zurücktreiben?

8. Häftling: Ja. Und wie wir hörten, sind die Amerikaner in Marokko gelandet und wollen dann nach Europa übersetzen. In ein paar Monaten ist der Iwan hier.

2. Häftling: Lass dich umarmen. Für diese gute Nachricht geb ich dir den Rest meiner Suppe.

Stubenältester: Es gibt keinen Nachschlag mehr. Säubert eure Teller. Hier kommt der Blockälteste. Ihr Neuen stellt euch hier auf, damit er mit euch reden kann.

Nachdem sich die 42 Männer in ihren Sträflingsanzügen aufgestellt haben, stellt sich der Blockälteste, der noch keine 30 Jahre zählt, vor ihnen auf. Im Gürtel seines Sträflingskittels befindet sich eine Peitsche.

Blockältester: Ich weiß nicht, ob ihr schon ein wenig mit unserer Lager- und Blockordnung vertraut gemacht worden seid. Jetzt im Sommer werdet ihr um drei geweckt. Jeder hat sofort aufzustehen, sein Strohlager zu ordnen, sich zu waschen und zum Abort zu gehen. Danach gibt es den Morgenkaffee oder Kräutertee und zwei Stück Brot.

1. Häftling zu seinem Nebenmann ironisch: ,Kaffee' ist gut. Ein scheußlicher Muckefuck als Ersatzkaffee.

Blockältester: Dann fertig machen zum Appell vor dem Block. Und gleich nachher sucht euch auf dem Stroh einen Platz aus. Die dickeren Strohplatzierungen sind schon besetzt. Ihr müsst euch ganz hinten, wo die Behälter für die Nachttoilette stehen, einen Platz suchen.

2. Häftling zum Nachbarn: Der eine hat aber ein Loch. Und die Kloake läuft dort aus. Einige der Neuen werden morgen besonders stinken.

Einer der neuen Häftlinge: Gibt es auch Toilettenpapier?

Auf der anderen Seite lachen die anderen.

1. Häftling *zum Nachbarn*: Der muss froh sein, wenn er einmal in zwei Monaten sein Zeug waschen kann.

Blockältester *lachend*: Du kommst wohl aus einem Patrizierhaus. *Weiterhin Lachen.* Hier seid ihr wie Arbeitspferde. Die putzen sich den Arsch auch nicht ab. Nun weiter. Wenn ihr einen SS-Mann seht, dann müsst ihr schon zehn Meter vorher die Mütze abziehen. Diese dürft ihr erst zehn Meter danach wieder aufsetzen. Das gilt für euch vor jedem SS-Mann, gleichgültig, welchen Rang er einnimmt. Selbst wenn der Rapportführer jetzt eintreten sollte, hat jeder seine Mütze abzusetzen. Wer dem nicht gleich nachkommt, erhält eine Belehrung mit dem Knüppel. Auch müsst ihr euch immer flink bewegen. Selbst wenn ihr in Arbeitskommandos aufgeteilt seid, habt ihr euch im Dauerlauf zur Arbeitsstelle zu begeben. Das Gleiche gilt bei der Rückkehr hier ins Feld III. Ihr dürft mit keinem, der euch Begegnenden reden, außer wenn ihr von der SS oder einem euch Vorgesetzten dazu aufgefordert seid. Wer dabei erwischt wird, hier im Lager oder draußen einem Zivilisten einen Zettel zuzuschieben oder von ihm irgendetwas anzunehmen, kann abends beim Appell über den Bock gelegt werden und erhält mit dem Knüppel oder der Peitsche mindestens 25 Schläge. Manche überleben das nicht. Also seid gewarnt. Es ist verboten, die Hände in den Taschen zu halten, zusätzliche Kleidungsstücke zu tragen, was im Sommer sowieso nicht der Fall sein dürfte. Ihr dürft nicht rauchen, wenn ein Zivilist für euch eine Zigarette auf dem Boden liegen lassen sollte. Ihr dürft keine religiösen Gegenstände wie Jesuskreuze, Heiligenamulette oder sonst was tragen. Jeder eurer Mithäftlinge hier kann euch von allen Bestrafungsarten Beispiele geben. Und nun gute Nacht! Um 9 Uhr, wenn der Gong ertönt, wird das Licht gelöscht. Danach darf keiner mehr sprechen. Abtreten!

Die Neuen gehen an den schon auf dem Stroh Liegenden vorbei nach hinten.

4. Häftling *der auf der anderen Seite sitzt, zu seinem Nebenmann*: Wir dürfen nichts. Alles ist verboten. Nur sterben ist erlaubt...

3. Häftling: ...oder sogar erwünscht. Fast jeden Tag kommen neue Transporte ins Lager, und die Lagerleitung weiß nicht, wohin damit. Deshalb wird schon gleich am Anfang für die Gaskammern gründlich selektiert.

4. Häftling: Und auch bei uns wird bei den Appellen selektiert. Letzte Woche war ich sterbenskrank. Doch ich durfte nicht ins Krankenrevier. Hättest du mich nicht beim Appell gestützt, wäre ich umgefallen.

3. Häftling: Und der Gastod wäre dir sicher gewesen, wenn man dich nicht gleich niedergeknüppelt hätte. Man kann mit uns machen, was man will. Selbst Tiere werden nie so gequält wie wir. Wir werden behandelt, wie man damals wohl die Sklaven der Römer behandelt hatte. Der Rabbi hat uns einmal angedeutet, dass da ein gewisser Zusammenhang besteht. Vielleicht waren wir auch einmal wohlhabende Römer und haben unsere Sklaven ausgepeitscht, verhungern lassen oder mit dem Tod bestraft. Sieh, da kommt er ja. Der erhält niemals Prügel. Ich möchte wissen, warum sich keiner dieser Ungeheuer traut, ihm eins über den Pelz zu hauen?

Blockführer *zum Rabbi*: Nummer 4689. Du wirst morgen auf Anordnung des Lagerführers auf die Krankenstation im Feld I verlegt und dort die Stellung als Hilfssanitäter antreten.

Rabbi: Ja, man hat mich schon informiert.

Der Blockführer, der Stubenälteste, sein Schreiber und der Kapo ziehen sich in ihren Schlafbereich zurück, der mit Pritschen versehen ist

13. Szene

2. Häftling: Sag, Rabbi, woher kommst du eigentlich?

Rabbi: Ich lebte vor langer Zeit in Medzhibizh. Aber seitdem bin ich oft umhergezogen.

3. Häftling: Aus Medzhibizh? Da steht doch diese große Burg. Dort hatte ich einmal beim Durchfahren mein Pferd in der Schmiede beschlagen lassen. Und am Sabbat bin ich dort in die Synagoge gegangen. Übrigens schläft neben mir der Itzak. Der kommt aus einem Dorf bei Medzhibizh. Der kennt sicherlich dein Schtetl ganz genau. Ich hol ihn einmal herbei. Der wird sich freuen, den Rabbi aus Medzhibizh zu treffen.

Rabbi: Ich habe schon seit sehr, sehr langer Zeit nicht mehr dort gewohnt.

3. Häftling: Ich hol ihn trotzdem.

2. Häftling: Ich habe schon lange das Kaddish nicht mehr gebetet. Denn man könnte es jeden Tag angesichts der vielen Toten beten. Würdest du es den Toten zur Ehre nachher zusammen mit uns Juden beten?

Rabbi: Ja, gerne. Woher kommst du denn?

1. Häftling aus Riga: Als man dort alle Juden in ein Ghetto sperrte, konnte ich entkommen. Ich versteckte mich bei einem mir befreundeten Goj, der mir viel Geld schuldete. Ich sagte ihm, dass, wenn er mich versteckt hielte, alle seine Schulden beglichen seien. Er ließ sich auf den Handel ein. Und dann hörte ich des Nachts über viele Tage hinweg, wie im benachbarten Wald Schüsse fielen. Mein Freund konnte herausfinden, dass das Ghetto geleert wurde und alle seine Bewohner erschossen und dort in Gräben verscharrt worden waren. Es könnten über 20.000 Juden gewesen sein. Meine ganze Familie, meine Eltern, meine Frau und meine drei Kinder, meine Großeltern, meine Geschwister und ihre Familien, meine vielen Freunde und Bekannten, sie ereilte das gleiche Schicksal. Ein benachbarter Bauer muss herausgefunden haben, wo ich versteckt war. Er machte die Polizei auf mich aufmerksam. Somit wurde ich aus dem Versteck geführt. Mein Freund kam ins Gefängnis, und mich transportierte man hierher, da ich angegeben hatte, Feinmechaniker und Uhrmacher zu sein. Nun wurde ich erst in das Lager in Lublin in der Lipowa-Straße gebracht, wo ich Uhren reparierte, die man vor den Erschießungen oder Vergasungen den Eingelieferten in Treblinka, Sobibor und Belzec abgenommen hatte. Allein wenn ich davon ausgehe, dass jeder zehnte Jude eine goldene Taschenuhr bei sich trug, konnte ich mir anhand der Berge von goldenen Uhren ausrechnen, dass Hunderttausende dort ermordet worden waren. Seit einigen Wochen bin ich hierher überstellt worden. Ich bin nun für die SS eine besonders wertvolle Person, die man nicht verletzen darf. Und die Uhren werden ins Reich geschickt. Doch die besten Stücke nehmen sich die SS-Funktionäre. Dafür bringen sie mir manches Mal etwas zu essen.

Rabbi: Mein Sohn, du wirst deine Familie und deine Bekannten alle wiedersehen. Denn keine Seele kann für immer ausgelöscht werden.

2. Häftling: Was meinst du?

Rabbi: Wir haben viele Erdenleben. Ein Erdenleben ist nur wie ein Ausflug in die materielle Welt.

2. Häftling: Aber davon sagt doch die Thora und der Talmud nichts.

Rabbi: Es ist uns Menschen die Aufgabe gestellt, selbst die großen, ewigen Wahrheiten zu finden. Wenn sie schon genau beschrieben wären, würde der Mensch im Denken und Suchen faul werden. Leben heißt auch Suchen. Die Wahrheit ist ein Geschenk Gottes. Wer sich emsig um die Wahrheit bemüht, dem wird sie in Stücken offenbart.

3. Häftling: Rabbi. Hier bringe ich dir Itzak. Ich habe ihm erzählt, dass du aus Medzhibizh kommst.

Rabbi: Schalom. Du heißt Itzak. Ein schöner Name. Abraham hatte ihn seinem Sohn gegeben, den er aus Liebe zum Allmächtigen Ihm opfern wollte.

Itzak: Schalom. Ja, ich komme aus dem Schtetl Rusanivtsi bei Medzhibizh. Uns Juden haben sie alle abgeholt. Doch meine Schwester Ronia und ich waren als Gojim von einem jüdischen Ehepaar adoptiert worden. Und da ich nicht beschnitten worden war, musste ich nicht das Los der anderen teilen.

Rabbi: Die meisten aus unserer Gegend sind nach Belzec gebracht und dort ermordet worden.

Itzak: Ja, das habe ich in Trawniki von meinen Kollegen, den dort so genanten Askaris, erfahren.

Rabbi: Und deine Schwester ist gar nicht deine richtige Schwester.

Itzak: Woher wissen Sie das, Rebbe?

Rabbi: Ich habe geheimnisvolle Zuflüsterer. Dein Adoptivvater ist vergast und deine Adoptivmutter erschossen worden. Doch deine sogenannte Schwester lebt. Noch heute wirst du erfahren, wo sie ist.

In diesem Augenblick kommen einige von einer zusätzlichen Arbeitsschicht zurück.

Ein Häftling: Die Brygida hatte gepetzt, dass wir zu langsam in der Gärtnerei gearbeitet hätten. Da hat der verdammte Thumann uns heute Abend, ohne dass wir Essen bekamen, einen Graben ausheben lassen. Und als wir damit fertig waren, mussten wir ihn einfach wieder zuschütten.

Ein anderer: Psst, nicht zu laut, der Kapo könnte es hören und dich totschlagen.

3. Häftling: Ach, da bist du ja, Itzak. Ich habe heute in der Gärtnerei Ronia getroffen. Sie fragte, ob zufällig jemand Itzak Leiner aus Rusanivtsi kenne.

Itzak: Wirklich? Ronia lebt? Wie geht es ihr?

3. Häftling: Ob sie noch lebt, weiß ich nicht. Denn die blutige Brygida hat auf sie eingeschlagen, sodass sie in die Jauchepfütze fiel. Sie wurde dann von dem Frauenkommando zurück ins Lager gebracht.

Itzak: Um Himmels Willen! Das ist ja ganz entsetzlich! Ihn am Arm anfassend: Sag, hat sie noch ein Lebenszeichen von sich gegeben?

Jener schüttelt den Kopf.

Itzak: Wenn sie stirbt, dann will ich auch nicht mehr leben. Hoffentlich hat sie überlebt.

Rabbi: Ja, sie lebt, hat aber größte Schmerzen. Sie wird morgen aufs Krankenrevier gebracht werden. Vielleicht habe ich die Möglichkeit, ihr eine Botschaft von dir irgendwie zukommen zu lassen.

Itzak: Ja, sagen Sie ihr, dass ich sie liebe und dass wir überleben und heiraten wollen.

3. Häftling: Aber ihr seid doch Geschwister?

Itzak: Nein, wir haben getrennte Eltern und sind von einem kinderlosen Elternpaar adoptiert worden.

14. Szene

Es ist Herbst 1943. Vier polnische Häftlinge in der Krankenstation auf Feld I unterhalten sich. Drei von ihnen sind Juden. Sie sitzen sich jeweils auf zwei der untersten der dreistöckigen Pritschen gegenüber.

Moshe: Ich habe Angst, dass ich morgen als heil entlassen und zurück aufs Feld III geschickt werde. Denn mein Fieber ist zurückgegangen. Hier habe ich mich neun Tage erholen können, denn es gibt kaum Prügel, und die Essensportionen sind doppelt so groß wie sonst üblich. Trotzdem habe ich noch Hunger.

Perec: Du musst das Fieberthermometer an seinem Ende mit den Fingern schnell hin und herreiben, dann steigt das Quecksilber. Doch du darfst es nicht übertreiben. Sonst bemerkt man den Betrug, und du wirst geschlagen und kommst aufs Feld III zurück.

Spiecek: Ich hoffe, dass meine Beinverletzung noch lange nicht heilt, damit ich hier noch bleiben kann.

Chaim: Wir haben alle Glück, dass wir von der Lagerführung als wichtige Spezialarbeiter gebraucht werden. Sonst hätte man uns gleich als Arbeitsunfähige umgebracht.

Perec: Noch vor ein paar Wochen wurde nahezu jeder Erkrankte ins Gas gebracht. Damit haben sie aufgehört. Jetzt erschießt man die Ausselektierten.

Moshe: Ja, das geht schneller. Ich möchte lieber eine Kugel in den Kopf bekommen, als 20 Minuten grauenvoll am Gas ersticken.

Spiecek: Chaim, du hattest versprochen, uns zu erzählen, was du im Todeslager Treblinka erlebt hast und wie du entkommen bist.

Chaim: Es ist zu grauenvoll, darüber zu berichten. Außerdem musste ich erst sicher sein, dass kein Verräter unter euch ist.

Perec: Nein, uns dreien kannst du vertrauen. Am besten erzähle uns doch deine ganze Geschichte. Aber nicht zu laut, damit dich kein möglicher Verräter auf den Nachbarpritschen hört.

Sie rücken näher aneinander.

Perec: Du warst also im Ghetto von Lodz. Wie bist du dorthin gekommen?

Chaim: Wir wohnten in einem Vorort von Lodz. In Lodz selbst wohnten rund 200.000 Juden. Somit war sie nach New York und Warschau die drittgrößte mit jüdischen Bürgern bewohnte Stadt der Welt. Da mein Vater ein strenggläubiger Chasside war, ging auch ich im schwarzen Kittel mit den Schläfenlocken und der schwarzen Samtkippa auf dem Kopf in die Schule. Ich wurde angepöbelt von Halbstarken, die sich einen Spaß damit machten, mich zu beleidigen oder gar mich anzuspucken und zuzurufen: „Geh nach Palästina! Hier hast du nichts zu suchen."

Moshe: Ich habe Ähnliches erlebt. Der polnische Antisemitismus war weit verbreitet, und die polnische Jugend hat es uns Schülern damals häufig unerträglich gemacht.

Perec: Wir in Galizien waren meistens unter uns, da unsere Schtetls überwiegend von Juden bewohnt waren. Wir konnten uns frei bewegen. Nur in den Städten konnte es manches Mal passieren, dass wir angepöbelt wurden.

Chaim: Meine Mutter musste mich begleiten, da ich mich weigerte, allein noch auf die Straße zu gehen. Sie brachte mich zur öffentlichen katholischen Schule und holte mich von dort ab. Und nach dem Mittagessen brachte sie mich zum Cheder. Dort in der jüdischen Schule waren wir Jungen ganz unter uns. Nur am Sabbat erschienen wir nicht zum Schulunterricht, was die Lehrer ebenfalls ärgerte und zu hämischen Bemerkungen Anlass gab. Doch hatte ich zwei Gojim als Freunde. Meine Mutter sagte mir auch, dass ich was Besseres zu sein hätte als die anderen. Und da ich der Klassenbeste war, hassten sie mich umso mehr. Schon früh begann ich mit dem Klavierunterricht und nahm mir vor, Pianist zu werden. Zu Hause sprachen wir fast immer nur Jiddisch.

Perec: Wir auch.

Moshe: Wir sprachen es nur mit den Großeltern. Meine Mutter legte Wert darauf, dass wir mit ihr Deutsch oder sogar Französisch sprachen. Doch mit den Geschwistern beim Spielen oder im Garten sprachen wir Polnisch.

Chaim: Auch wir lernten Deutsch, war es doch die Sprache von Goethe und Schiller, die wir ebenfalls als unsere Klassiker ansahen. Für uns war Deutsch die Sprache der Genies, der großen Schriftsteller und Komponisten. Wir verehrten sie wie Halbgötter.

Moshe: Bis Ende des Ersten Weltkrieges war Westpreußen, das heutige Wartegau, deutsch. Viele Deutsche lebten noch dort. Und als Hitler an die Macht kam und seinen Antisemitismus propagierte, sprang dieser nicht nur auf die Deutschen in Westpolen über, sondern auch auf viele Polen, die ihn hinsichtlich der Schikanen, wenn auch nicht staatlich gefördert, im Privaten umsetzten. Und ein Halbstarker in Gesellschaft von anderen sagte zu uns Schwarzbekittelten: „Wenn der Hitler hier einmarschiert, wird er euch allen die Köpfe abschneiden." Und alle bei ihm Stehenden brachen in zustimmendes Gelächter aus.

Perec: Das stimmt nicht, dass der Staat sich in der Verbreitung des Antisemitismus zurückhielt. Hatte man doch begonnen, die Juden von öffentlichen Ämtern auszuschließen.

Chaim: Doch der Antisemitismus war schon seit einigen Jahrhunderten weit verbreitet, vor allem in den Ländern, wo eine große Prozentzahl an Juden lebte, wie in Polen, der Ukraine und in Russland. Man denke nur an die vielen Pogrome. Und trotzdem ließen wir uns von den äußeren Widrigkeiten nicht beirren. Wir lebten unser jüdisches Leben. Mein Vater nahm mich mit zur Mikwa, wo ich mit den bärtigen Männern in das warme Wasser tauchte und wir miteinander Späße trieben und Witze erzählten. Am Freitagnachmittag verkündigte der Ausrufer den Beginn des Sabbats. Wir gingen alle in die Synagoge. Und am Samstagnachmittag gingen wir bei schönem Wetter spazieren. Doch die Sonntage waren für uns ein normaler Tag. Die Christen hassten es, wenn wir an ihrem Ruhetag unserer Arbeit nachgingen.

Moshe: Am Purimfest liefen wir auf den Straßen herum und verteilten Kuchen und Kekse.

Perec: Und am Pessachfest seid ihr sicherlich genauso festlich in den neuen Kleidern herumgelaufen wie wir in Galizien.

Chaim: Ja, genau. Die Synagoge und die religiösen Feste schmiedeten uns Juden fest zusammen.

Spiecek: Für uns Christen wart ihr wie Menschen einer anderen Welt. Wir konnten euch nicht verstehen. Und sogar einige Geistliche, besonders an Karfreitagen, predigten, dass ihr unseren Christus ans Kreuz geliefert hattet.

Perec: ... ohne zu erwähnen, dass Jeshua ja selbst Jude war...

Spiecek: Wir Jungen fühlten uns gerade an den Ostertagen aufgefordert, jüdische Jugendliche zu verprügeln oder vor jüdischen Erwachsenen auszuspucken. Obwohl wir uns an euer Vorhandensein gewöhnt hatten, wart ihr uns immer ein Dorn im Auge. Vor allem auch deswegen, weil die meisten Geschäfte in den Städten und anderen Ortschaften euch gehörten, ihr also in unseren Augen wohlhabender wart als wir Polen, die wir doch zumeist als Bauern auf dem Land lebten. Doch in einigen Orten imitierte man die Deutschen, stellte sich vor jüdischen Läden auf und hinderte die Leute daran, dort einzukaufen, gemäß der Parole: „Kauft nicht bei Juden."

Chaim: Was nicht viel nutzte, musste man doch bei uns einkaufen, da es kaum andere Läden der Gojim gab.

Perec: In anderen Orten, wie man mir im Feld III berichtete, warf man die Fensterscheiben ein und warf auf dem Markt die Stände um.

Chaim: Doch der Judenhass der polnischen Bevölkerung vermehrte sich, nachdem die Deutschen unser Land im September 1939 überfielen, ohne von Polen bedroht worden zu sein. Hitler, so dachten wir, wollte West- und Ostpreußen wieder Deutschland einverleiben, also die Friedensverträge von Versailles rückgängig machen, wie es ihm schon mit dem Sudetenland gelungen war. Wir ahnten nicht, dass er ein großgermanisches Reich bis zum Ural plante, in welchem keine Slawen, keine Zigeuner und vor allem keine Juden mehr leben durften.

Perec: Woher hast du diese Information?

Chaim: Die Trawnikis in Treblinka prahlten damit, sie würden selbst Großgrundbesitzer im neu zu erobernden großgermanischen Reich werden.

Moshe: Berichte, wie bist du ins Lodzer Ghetto gekommen? Chaim: Die Atmosphäre vor dem Einfall der Deutschen war erstickend, denn wir hörten im Rundfunk, dass Hitler seine Armeen vor der polnischen Grenze aufstellte. Auch hatte man zuvor schon polnische Juden, die in Deutschland lebten oder arbeiteten, in ihre Heimat zwangsevakuiert. Meine Mutter wollte mit uns noch nach Palästina auswandern. Doch der Rabbi meinte, dass Gott uns vorerst diesen Platz in Polen zugewiesen hätte und dass wir erst nach Palästina zurückkehren werden, wenn der Messias dazu alles in die Wege geleitet haben würde.

Spiecek: Ihr glaubtet also immer noch an die Wiederkehr König Davids in Gestalt des euch verheißenen Messias? Chaim: Mein Vater als Strenggläubiger glaubte daran. Deshalb verhinderte er auch, dass wir nach Palästina auswanderten, wie es schon vielen jüdischen Familien gelungen war, obwohl 1936 dort seitens der Araber eine schlimme Verfolgung stattfand, wobei viele Juden den Tod fanden.

Moshe: Dem Bruder meines Vaters war es mitsamt der Familie gelungen, dorthin auszuwandern. Er legte uns dringend nah, ebenfalls zu emigrieren. Doch dann war es zu spät. Ich war stolz, Jude zu sein. Und ich war überzeugt, dass Gott uns immer beistehen würde. Doch als die Deutschen kamen, hatte sich Gott von uns abgewandt. Die SS trug auf der Stirnmütze allen sichtbar den Totenkopf und darunter überkreuzte Knochen. Es muss von vornherein von Hitler geplant worden sein, welche Art von Arbeit der SS nach dem gewollten Krieg im Osten bevorstand. Nämlich uns alle auszurotten. Es ist ein Wunder, dass wir noch leben. Doch wie lange noch?

Spiecek: Ja, als die Deutschen unser Land überfielen, dachten wir auch, sie wollten uns Polen ebenfalls vernichten. Sie bombten mit ihren Flugzeugen einfach drauf los. Ganze Stadtteile und auch Dörfer gerieten in Trümmer. Und als viele Hals über Kopf mit den wenigen Habseligkeiten das Weite suchten, verfolgten uns die Stukas im Tiefflug und schossen Tausende von Menschen nieder. Überall auf den Straßen lagen Leichen und Pferdekadaver. Manche von Bomben und Maschinengewehr tödlich Getroffene hatten noch die Uniform an, denn sie waren auf ihren Pferden an die Front beordert worden, doch fanden sie ihr Ende schon auf dem Weg dorthin. Was hatten wir den Deutschen getan, dass sie solches nicht nur euch sondern auch unserem Volk antaten?

Moshe: Sie wollten euch und uns alle nach dem Osten jagen, denn sie hatten vor, die leer gebliebenen Häuser und Bauernhöfe an deutsche Umsiedler zu übergeben. Dieser Terror aus der Luft und dann zu Land sollte uns dazu veranlassen, alles stehen und liegen zu lassen und unser Heil in der Flucht zu suchen. Doch wo war unsere Armee mit den Panzern und den Flugzeugen, zu der wir Juden ebenfalls kriegsverpflichtet eingezogen waren?

Chaim: Ich habe gesehen, wie sie sich nach ein paar Tagen noch in Uniform den Fliehenden anschlossen, da sie einsahen, dass es zwecklos war, sich gegen die mit modernster Waffentechnik hochgerüsteten Deutschen zu stellen. Es hieß: „Wir müssen nach Warschau und unsere Hauptstadt verteidigen." Ja, der Krieg begann am 1. September 1939. Es war ein Freitag. Als die ersten Bomben fielen, flohen wir in die Kellerräume. Hier feierten wir vor Angst zitternd unseren Sabbat mit Gebeten und Ausrufen „Schema Israel!", jeden Augenblick befürchtend, dass unser Haus ebenfalls getroffen werden könnte. Und schon am folgenden Abend nach Ende unseres heiligen Sabbats flohen wir in der Dunkelheit in Richtung Osten. Doch unterwegs wurden wir schon nach wenigen Tagen von deutschen Truppen mit ihren Armeewagen und Panzern eingeholt. Und da wir einsahen, dass eine Flucht sinnlos war, kehrten wir nach Lodz zurück.

Und dann begann die reinste Hölle. Noch hatten wir ein Radio. Und wir erfuhren zu unserer großen Erleichterung, dass Frankreich und Großbritannien den Deutschen den Krieg erklärt hatten. Trotz des Terrors, der uns umgab, schöpften wir Hoffnung, dass die Deutschen bald die Waffen strecken mussten. Wir umarmten und küssten uns. Nun gab es, wie wir glaubten, nichts mehr zu befürchten.

Moshe: Ja, auch wir jubelten, als wir diese Nachricht mitgeteilt bekamen. Doch schon bald mussten wir alle technischen Geräte wie Näh- und Schreibmaschinen und Radios abgeben. Wer dem nicht nachkam, wurde einfach erschossen. In den ersten Tagen vor allem gab es viele willkürliche Hinrichtungen durch Strang oder Kugel oder auch Folter in Gefängnissen.

Chaim: Ja, jeden, der noch nach der Ausgangssperre draußen erwischt wurde, streckte man sofort mit der Kugel nieder. Und dann wurden wir in das Ghetto gesperrt, wo wir mit acht Personen ein einziges Zimmer teilen mussten. Alles war schmutzig. Es gab keine Innentoilette, kein fließendes Wasser, keine Betten, und unsere Essenszuteilungen wurden dermaßen reduziert, dass wir alle Hunger hatten, ja, unvorstellbaren Hunger.

Perec: Das Gleiche erlebten wir in unserem Ghetto ein Jahr später. Ein Junge, der sich heimlich aus dem Ghetto gestohlen hatte, um für seine an Entkräftung sterbende Mutter etwas zum Essen zu organisieren, wurde bei der Rückkehr mit einer einzigen Kartoffel erwischt und sogleich erschossen.

Moshe: Meine Tante mit ihrer Familie wohnte in Bielsko-Biala. Diese Stadt wurde von den in ihr wohnenden Deutschen Bielitz genannt. Sie hatte mir später im Ghetto von Piotrkow berichtet, was an dem 3. September passierte, eben an jenem Tag, als die Westmächte Deutschland den Krieg erklärten. Die deutschen Truppen marschierten in diese Stadt ein. Die dort lebenden Deutschen hatten sich alle in den Straßen und auf dem Markt versammelt und jubelten ihnen als ihre Befreier von der polnischen Herrschaft zu. Sie hatten neben Blumen auch Kuchen und belegte Brote für die freudig Begrüßten mitgebracht. Es gab Tränen der Freude und viele Umarmungen. Und während die einen Tränen der Freude vergießen, müssen wir Juden Tränen der Trauer und der Verzweiflung weinen. Wie verschieden ist doch das Leben.

Chaim: Auch in Lodz, das die Deutschen Litzmannstadt nannten, jubelten sie den am 8. September einmarschierenden deutschen Soldaten zu. Drei Tage später schnappten sie sich einige Bärte tragende Juden und schnitten ihnen diese öffentlich unter großem Gelächter ab. Sie schlossen unsere Schulen, wie auch jeglicher weitere Unterricht für uns an öffentlichen Schulen verboten war.

Spiecek: Doch uns Polen...

Perec: Wir sind doch auch Polen.

Spiecek: Also uns Christen-Polen führte man die Professoren in Krakau und anderswo weg, wie auch viele Offiziere, Lehrer, Priester, Ärzte und manche Beamte. Erst später erfuhr ich, dass man sie erschossen hatte. Anscheinend wollte man keine das Volk beeinflussenden Intellektuellen am Leben lassen, damit sie uns nicht zu einem Volkssturm gegen die Besatzer aufrufen konnten.

Perec: Ja, sie wollten sicherlich das polnische Volk als Arbeitsvolk, als moderne Sklaven behalten, das über keine wortführende Intelligenz mehr verfügen durfte.

Chaim: Einige junge SS-ler hängten mal so aus Spaß einen Juden auf dem Baluty-Platz auf. Sie veranstalteten eine Kampagne der Furcht. Wir jungen Männer mussten uns auf dem Platz versammeln und wurden zu Arbeitskommandos zusammengestellt. Wir mussten oft lange zur Arbeitsstelle marschieren. Und da wir nur wenig zu essen bekamen, ist so mancher aus Entkräftung umgefallen und gleich erschossen worden.

Moshe: Am 24. September, am Tag des Jom Kippur, hatten die SS-ler in vielen Städten die Synagogen in Brand gesetzt.

Chaim: Und dann wurde uns verboten, irgendwelche Lebensmittel zu lagern, denn wir durften nur über die uns zugeteilten sehr knappen Rationen verfügen. Wer sich um 8 Uhr nach Ausgangssperre noch auf der Straße verspätet hatte, wurde erschossen. Und schließlich mussten wir gelbe Armbinden mit dem Davidstern tragen. Einige von uns hatten sich bei Christen versteckt. Die Jugend machte sich zu Helfeshelfern der Deutschen. Sie bekamen eine Flasche Schnaps oder Zigaretten, wenn sie der deutschen Gestapo einen Hinweis gaben, wo sich ein Jude versteckt hielt. Bald hatten wir mehr Angst vor den Polen als vor den Deutschen. Die Piotrkowska-Straße wurde in Adolf-Hitler-Straße umbenannt. Schon der kleinste Verstoß unsererseits gegen die vielen Verordnungen, die auf Plakaten in Deutsch und Polnisch aushingen, konnte den Tod bedeuten. Meine Mutter wollte nicht glauben, was die Deutschen mit uns alles anstellten. Sie hatte sie doch beim Einmarsch 1914 als zivilisierte Soldaten erlebt. Und jetzt waren sie Rotten von Sadisten und Mördern. Sie konnte es einfach nicht fassen.

Moshe: Und die Polen haben ihnen dann zugearbeitet, haben die Verstecke der untergetauchten Juden verraten.

Spiecek beginnt auf einmal hemmungslos zu weinen.

Percec: Was ist mir dir? Haben die Deutschen dir oder deiner Familie Leid zugefügt?

Spiecek: Nein, viel schlimmer. Ich war einer von denen, die euch hassten. Schon als Schüler, lange vor dem Einmarsch der Deutschen, habe ich Steine und anderes auf euch geworfen, euch angespuckt, eure Mädchen unsittlich berührt, euch das Käppi vom Kopf gezogen und euch in den Dreck geschubst und schlimme Worte an den Kopf geworfen. Ja, einige Pfarrer hatten uns gegen euch aufgehetzt und sogar Lehrer und auch mein Vater. Die Polizei sah ja bei solchen Exzessen weg. Wir konnten mit euch machen, was wir wollten. Es machte uns einfach Spaß, euch zu demütigen. *Jetzt noch mehr weinend* Und ich habe der Gestapo einige versteckte Juden verraten und somit beigetragen, dass sie erschossen oder später nach Chelmno abtransportiert wurden. *Er kniet jetzt vor den drei anderen mit gefalteten Händen nieder.*

Bitte vergebt mir meine Sünden euch Juden gegenüber, bitte, bitte! Ich fürchte das Jüngste Gericht, wo Gott mich meiner Sünden wegen für alle Zeit in die Hölle schicken wird. Bitte vergebt mir. Ich will auch alles tun, um es wieder gutzumachen. Ja, ihr könnt morgen meine Essensration unter euch aufteilen. Bitte, bitte vergebt mir und allen Polen, die sich gegen euch Juden versündigt haben. Bitte vergebt uns. Bitte, bitte!

Perec *dessen Hände umfassend*: Du hast mit allem, was du hier im Lager an Schrecklichem selbst erleben musstest, sicherlich deine Vergehen abbüßen können. Ich vergebe dir.

Moshe *ebenfalls daraufhin dessen Hände in die seinen nehmend*: Ich vergebe dir auch. können, indem du Reue zeigst. Die hast du jetzt gezeigt. In einem nächsten Leben kannst du alles wiedergutmachen, so lehrt es uns der chassidische Glaube.

Spiecek: Ich bitte nicht nur für mich um Vergebung, sondern auch für das ganze polnische Volk.

Chaim: Da musst du unseren Heilerrabbi fragen, ob wir allen vergeben dürfen.

Moshe: Chaim, erzähle morgen weiter, was du weiterhin in Lodz erlebt hattest. Wir wollen jetzt schlafen. Wir müssen froh sein, dass jeder von uns hier auf einem Laken liegt und auch über ein Kopfkissen und eine Decke verfügt. Im Vergleich zu unseren stinkenden Pferdeställen ist das hier reiner Luxus.

Perec: Ja, wir haben Glück, dass wir zu Spezialarbeitern ausersehen wurden. Sonst würde keiner der SS-ler auf die Idee kommen, uns gesund pflegen zu lassen. Gute Nacht.

Chaim: Ja, gute Nacht. Ich wünschte, die Läuse und Flöhe würden sich auch schlafen legen.

Perec: Lasst uns wie jeden Abend leise das Kaddish zusammen sprechen für alle Ermordeten und vor allem für die am heutigen Tag oder in der letzten Nacht Verstorbenen oder Umgebrachten.

Sie alle sprechen im Chor flüsternd das Gebet für die Toten.

15. Szene

Am folgenden Abend wird das Gespräch fortgesetzt. Die Liege von Spiecek ist nun von einem Neuen eingenommen worden Chaim: Wir hatten heute bei der Chefvisite Glück, dass wir noch hier bleiben durften. Der Spiecek wurde als geheilt entlassen und muss nun wieder zurück zu seinem Kommando.

Perec: Vielleicht wird er ja auch ganz entlassen. Das geschieht manchmal mit Polen. Jedoch von uns Juden hat keiner die Chance, von hier entlassen zu werden, es sei denn wie unser Juwelier, der nach Buchenwald überstellt wurde.

Moshe: Perec, ich danke dir für den Trick mit dem Fieberthermometer. Ich glaube, Dr. Landesmann hat es durchschaut, denn er blinzelte mir zu und sagte zum Lagerarzt, dass ich wohl noch einige Tage hier bleiben müsse.

Chaim: Ja, wie gut, dass wir hier einige jüdische Ärzte haben. Die beiden deutschen Lagerärzte sind Mörder. Sie beteiligen sich bei den Selektionen und sortieren aus, früher meist zu den Gaskammern, jetzt hauptsächlich zum Erschießen. Sie dürften eigentlich nicht den Namen Mediziner führen, denn sie sind Medizyniker. Aber im Grunde bräuchten sie uns gar nicht zu selektieren, denn über kurz oder etwas länger sterben wir alle. Auch wir jüdischen Spezialarbeiter werden das Lager nicht überleben. Denn alle Juden müssen vernichtet werden. Das ist mir im Todeslager ganz klar geworden.

Hersch: Ich bin so froh, dass mich Dr. Landesmann in eure Ecke umgelegt hat. Hier sind wir unter uns und brauchen keinen eventuellen Verräter zu befürchten.

Moshe: Wie du uns gesagt hast, kommst du aus Magnuszew bei Koznienice, etwa 40 Kilometer nordöstlich von Radom.

Hersch: Ja. Soll ich euch meine Geschichte erzählen?

Perec: Nein. Heute ist Chaim dran. Er will uns von Treblinka berichten.

Hersch: Was, du warst in Treblinka? Und du hast überlebt? Das kann doch nicht wahr sein? Erzähl.

Moshe: Er hat überlebt, bisher wenigstens. Vielleicht hatte ihm sein Name als Schutzpatron gedient. Denn Chaim bedeutet Leben. Aber nun alles der Reihe nach. Noch sind wir mit seinem Bericht in Lodz nicht zu Ende. Ich vermute, dass dort bald das Leben im Ghetto begann?

Chaim: Ja, so war es. Noch im Winter wurde das Ghetto in Lodz eingerichtet. Alle Bewohner und sogar jene aus dem Umkreis mussten in den Stadtteil Baluty ziehen. Wir brachten auf kleinen Schlitten all unser wertvollstes Hab und Gut wie Matratzen, Decken, Kleider auf Schlitten dorthin. Möbel und andere Gegenstände durften wir nicht mitnehmen. Es wurden uns für den Umzug drei Tage gewährt. Jeder, den man danach noch in seinem Haus fand, bekam eine Kugel in den Kopf. Einige von uns versteckten sich bei christlichen Freunden. Manche wurden verraten. Denen, die Juden versteckt gehalten hatten, ereilte oft das gleiche Schicksal der Erschießung. Deshalb hatten viele Polen Angst, uns zu verbergen. Trotzdem gab es einige Mutige, die uns – besonders die Kinder – aus Barmherzigkeit versteckten oder als christliche Polen ausgaben, die Verwandte seien und bei ihnen wohnten, da ihre Eltern als Zwangsarbeiter nach Deutschland geschickt worden waren.

Hersch: Genau das ist mir passiert. Wir lebten zuerst im Ghetto von Magnuszew. Doch eines Tages kamen Hitlerjungen zu uns und befahlen, uns in wenigen Stunden bereit zu machen für den Umzug ins Ghetto von Konzienice. Wir durften nur das auf den 15 Kilometer langen Marsch mitnehmen, was wir tragen konnten. Meine Eltern konnten nichts an Gegenständen mitschleppen, da sie unsere beiden kleinen schon an Unterernährung erkrankten Geschwister tragen mussten. Dort angekommen, schliefen wir auf dem nackten Fußboden. In diesem engen Raum wurde nachts eingebrochen, und man hatte einigen die Schuhe und Kleidungsstücke entwendet.

Perec: Waren das Polen?

Hersch: Nein, es waren jüdische Jugendliche, die für ihre Familien alles Notwenige stahlen. Jeder versuchte, für sich und die Seinen zu organisieren, selbst wenn man die eigenen Glaubensbrüder um das Notwendigste beraubte. Jeder wollte überleben, ganz egal wie.

Moshe: Ja, ich habe Ähnliches erlebt oder aus Berichten anderer gehört.

Chaim: Jetzt, wo du schon angefangen hast, von eurem Ghettoleben zu erzählen, berichte weiter. Ich werde dann anschließend mit meinen Bericht fortfahren.

Hersch: Wir lebten in jenem Ghetto genauso bedürftig wie ihr in Lodz und hungerten. Viele Male wurden wir trotz meiner Jugend zu Arbeitskommandos zusammengestellt. Ich meldete mich oft freiwillig, da man uns eine doppelte Ration versprach, die uns – wenn auch nicht immer – tatsächlich gewährt wurde. Auch ich wäre bereit gewesen, für meine hungernden Geschwister und Eltern Brot zu stehlen, und sei es von anderen Ghettobewohnern. Unbändiger Hunger und Durst lassen einen zum Kriminellen werden.

Moshe: Ja, dazu wäre ich auch in der Lage gewesen. Und wie hast du das Ghetto überlebt?

Hersch: Das Ghetto war mit Stacheldraht umgeben, und mit Gewehren bewaffnete polnische Hilfssoldaten bewachten es. Sie hatten Befehl, jeden, der sich unerlaubt aus dem Ghetto entfernt, zu erschießen. Denn ertappten sie jemanden von uns dabei und erschossen ihn, bekamen sie von der SS eine Belohnung. Mein sterbender Vater sagte zu mir, dass ich auf jeden Fall überleben müsse, sei ich doch der einzige Nachfolger in der Familie. Wir seien, wie er sagte, Nachkommen aus dem Stamme Davids. Er schlug mir vor, wenn es wieder nachts eine Razzia im Ghetto gebe, um wieder Personen ins Ungewisse abzutransportieren...

Moshe: ...bestimmt nach Chelmno ins Todeslager...

Chaim: ... eher nach Treblinka...

Hersch: ... solle ich mir mit einer dafür bereitliegenden Schaufel unter dem Zaun ein Loch buddeln und sofort in den benachbarten Wald laufen. Auch sollte ich in einem seichten Bach einige Hundert Meter laufen, damit mich die eventuell verfolgenden Schäferhunde nicht finden könnten. Und so hielt ich mich einige Tage im Wald versteckt. Manches Mal schlich ich mich nachts auf einen Bauernhof und stahl trotz der bellenden Hunde ein Huhn, das ich dann roh verspeiste. Und als ich wieder einmal am Tag im Wald vor Erschöpfung eingeschlafen war, weckte mich eine dort Holz suchende Frau. Sie war eine mit einem Polen verheiratete Deutsche. Sie versicherte mir, dass ich vor ihr, der ich sogleich weglaufen wollte, keine Angst zu haben brauche. Auf ihre Bitte hin erzählte ich in Kürze, woher ich käme und was mir zugestoßen sei. Sie hatte Mitleid mit mir. Sie wusste, was die SS-Soldaten und ihre Handlanger mit uns machten. Sie nahm mich mit auf ihren Bauernhof, den sie mit ihrem Sohn allein führte, da ihr Mann als Soldat im Kampf gegen die Deutschen gefallen war. Sie gab mich als den Sohn ihrer Schwester aus, die bei dem Bombenangriff auf Warschau ums Leben gekommen war. Man glaubte ihren Aussagen, da sie eine Deutsche war, zumal ich blonde Haare hatte und wie ein Vorzeige-Hitlerjunge aussah. Ich lebte viele Monate unter dem deutschen Namen Siegfried bei ihr und brauchte nicht mehr zu hungern. Ja, ich konnte sogar die öffentliche Schule besuchen. Ihr Sohn und ich waren etwa gleichaltrig. Und da seine Mutter mich ebenso liebevoll behandelte wie ihn, ja, mich sogar oft in die Arme nahm, wenn ich über das Schicksal meiner Eltern und meiner Freundin weinte, wurde er auf mich eifersüchtig. Und heimlich beschimpfte er mich als Drecksjuden. Deshalb hat er mich an die polnische Polizei verraten, die es dann an die deutsche Gestapo weiterleitete. Als sie kamen, um mich abzuholen, hielt mich diese wunderbare Frau in den Armen und wollte mich nicht wegzerren lassen. Sie rief: „Was hat denn dieser Junge verbrochen? Es ist doch genauso ein Mensch wie wir alle. Er darf nicht sterben." Und als sie mich auch unter Gewaltandrohung nicht aus ihren Armen gehen lassen wollte, nahm ein SS-Gestapomann sein Gewehr und trümmerte den Kolben auf ihren Kopf. Sie fiel im Nu tot um. Später habe ich noch erfahren, dass ihr Sohn sich daraufhin ertränkt hatte.

Perec: Und welch Wunder, dass man dich nicht auch gleich erschossen hatte.

Hersch: Und da ich sehr kräftig war, schickte man mich als Facharbeiter für Bauarbeiten in verschiedene Lager, bis ich nach hier transportiert wurde und ebenfalls im Kommando für Barackenbau untergekommen bin. Schließlich ist mir ein Balken auf das Bein gefallen, weshalb man mich hierher trug. Und ohne Narkose hat man mich operiert und mein Bein – wie ihr seht – in Gips gehüllt. In drei Tagen wird der Gips abgenommen. Dann geht es wieder zur Arbeit mit der kargen Verköstigung. Und wenn wir zu den Baustellen kommen oder wieder weggehen, müssen wir die Wege immer im Laufschritt zurücklegen. Und wer nicht im Laufen mithält, wird geschlagen oder auch auf der Stelle umgebracht.

Moshe: Das kennen wir alles zur Genüge. Du bist ein Glückspilz, dass du bisher überlebt hast. Ich wünsche, dass du auch dieses Lager überlebst. Warum nur lassen sich die Russen und die Amerikaner so viel Zeit, um endlich energischer die Deutschen zu bekämpfen und zu besiegen?

Perec: Vielleicht sind auch sie froh, dass Millionen von Juden ermordet werden.

Moshe: Nein, auf keinen Fall wollen sie das. Sie werden alles daran setzen, uns zu befreien, so noch von uns einige Tausend überleben sollten.

Perec: Aber denkt an Stalin. Er hasst doch die Juden genauso wie Hitler. Er hat viele jüdische Beamte und Offiziere als Trotzkisten hinrichten lassen. Warum werden wir in aller Welt gehasst? Was haben wir denn den Menschen angetan?

Chaim: Hat nicht unser Heilerrabbi gesagt, dass alle uns im Leben wichtigen Personen den Spiegel vorhalten? Und da alles Geschehen auf Erden einem höheren Sinn unterliegt, waren wir in einem unserer vielen früheren Leben vielleicht auch einmal…

Moshe: Hör auf mit solch einem Blödsinn! Ihr lasst euch alle von diesem Geschwätz des Rebbe anstecken.

Perec: Doch viele seiner Denkanstöße helfen uns, besser mit unserer gegenwärtigen Situation fertig zu werden.

Moshe: Ach, Unsinn. Jetzt bist du wieder dran, Chaim. Erzähl, was du weiterhin in Lodz erlebt hast.

Chaim: Schließlich, da zu viele von uns aus dem Ghetto entkommen konnten oder bei dem Fluchtversuch erschossen worden waren, umzog man das Lodzer Ghetto mit einem elektrischen Zaun. Näherte man sich diesem nur auf einige Meter, begannen die Wachposten sofort zu schießen, sodass viele und vor allem Kinder auf diese Weise zu Tode kamen. Rühmlich tat sich dort ein Todesschütze hervor, den wir seines roten Haares wegen 'Rotschopf' nannten. Aus vielen Wohnungen hörten wir das Kaddish Gebet, da man dort um eine Person trauerte. Oft kamen auch Deutsche SS-Soldaten und jugendliche Polendeutsche und bereiteten sich Späße, indem sie uns nicht nur schikanierten, sondern sich dadurch hervortaten, dass sie jemanden zusammenschlugen oder auch durch Pistolenschuss oder mit einem Knüppel töteten. Späterhin brachte man sogar Christen ins Ghetto, die jüdische Vorfahren hatten. Wir kümmerten uns im besonderen Maß um sie, war doch alles für sie unfassbar. Es reichte schon, dass man ihnen eine jüdische Großmutter nachweisen konnte. Unser Ghetto war sehr groß und beherbergte sicherlich an die 200.000 Menschen. Viele unserer Bewohner waren gleich nach Kriegsausbruch nach Osten geflohen, und bestimmt war es auch vielen geglückt, in die Sowjetunion zu gelangen. Doch kamen aus der ganzen Umgebung immer wieder neue Herbeigetriebene in unser Ghetto. Bis auf den wie ein Großprotz sich aufführenden Ghettoführer und 'Judenältesten' Rumkowski und seinen jüdischen Handlangern, die meistens trotz aller Beschränkungen ein gutes Leben führten, lebten wir sehr eingeengt. Das änderte sich erst, als im Sommer 1940 die große Typhusepidemie ausbrach, die Zehntausende dahin raffte. Doch im Winter verbreitete sich bei uns die Lungentuberkulose. Man spuckte Blut, sodass man auf den Bürgersteigen überall Blutflecken sehen konnte. Und wiederum starben Tausende daran, abgesehen von denen, die Opfer der Unterernährung wurden. Letztere nannten wir ‚Klapsedras' nach den schwarz umrandeten Todesanzeigen in Zeitungen. Nur jene, die aus deutschen Lagern hierher transportiert worden sind, sprechen von 'Muselmännern', wie diese herumwandelnden Skelette in Buchenwald und anderswo genannt werden.

Perec: Beide Namen haben sich auch hier im Lager schon eingebürgert.

Chaim: Endlich nach der Ausübung schwerer Arbeit in mehreren verschiedenen Kommandos konnte ich durch Bestechung des Ghettoführers, der ein entfernter Verwandter von mir war, den Posten eines Briefträgers erhalten, der mir täglich eine doppelte Portion Suppe einbrachte. Noch gab es Briefverkehr. Und ich konnte beobachten, wie jene Briefempfänger die Briefe öffneten und oft sofort in Tränen ausbrachen, da ihnen mitgeteilt worden war, dass einer ihrer Angehörigen irgendwo unter grausamen Umständen verstorben war. Somit hatte ich in all das Elend hineinsehen können: Alte Leute, die vor Schwäche nicht zur Tür laufen konnten, um den Brief in Empfang zu nehmen, weiterhin Dahinsiechende, Kranke, Verwundete, wie auch solche durch Willkür auf den Straßen Zusammengeschlagene. Und ich sah auch Frauen, die für eine Scheibe Brot für alles bereit waren. Denn wie jetzt bei uns bestand die Währung oft nur aus Brotscheiben. Der Hunger hatte alle halb wahnsinnig werden lassen. Es gab ja im Ghetto so gut wie keine Arbeit. Und deshalb nahm man auch eine von Wachmannschaften begleitete Arbeit außerhalb des Ghettos an, da man dann eine doppelte Portion bekam und sich eventuell auch die Möglichkeit ergeben konnte, fliehen zu können, was vielen, die es versuchten, den Tod brachte. Aber als die Vereinigten Staaten von Amerika Deutschland den Krieg erklärten, gingen die Vernichtungstransporte nach Chelmno los.

Moshe: Ja, Hitler hatte ja, wie wir später erfuhren, in seiner Rede am 30. Januar 1940 angedroht, dass wenn die Vereinigten Staaten Deutschland den Krieg erklären würden, das den Tod sämtlicher Juden Europas zur Folge haben würde. Er wollte jetzt seine angekündigte Drohung umsetzen.

Chaim: Und somit konnte er den Amerikanern die Schuld am Genozid an uns Juden zuschieben. Was für ein durchtriebener Schurke!

Perec: Warst du auch in einem Ghetto?

Moshe: Ja. Ich kam in das Ghetto von Piotrkow und habe dort Ähnliches erlebt wie in den von Deutschen angeordneten Hunderten von Ghettos in Polen. Von dort wurde ich in das Arbeitslager Otoczna gebracht. Jener Ort liegt bei Wrzesnia an der Hauptbahnstrecke Berlin-Posen-Warschau. Wir mussten die veralteten Gleise durch neue ersetzen. Im Lager war die Hölle los. Ein deutscher bebrillter Wachtposten aus dem Sudentenland namens Rudi liebte es, die von ihm willkürlich Herausgegriffenen mit dem Spaten lebendig zu zerhacken. Wir mussten 14 Stunden hart arbeiten. Einige warfen sich unter die vorbeifahrenden Züge. Und für jedes kleinste Vergehen wurde man aufgehängt oder erschossen, und sei es nur, dass man ohne Erlaubnis der Wachmannschaft an einem Baum urinierte. Den Vorgesetzten gab man als Grund an, dass der Häftling zu fliehen versuchte. Und schließlich brachte man mich und einige von uns nach Skarzysko-Kameninna.

Hersch: Ich habe von diesem schrecklichen Lager gehört. Du musst uns mehr darüber erzählen.

Perec: Das Licht wird gerade gelöscht. Morgen kannst du erst weiter berichten. Aber dann soll Chaim mit seinem Bericht fortfahren. Denn bevor wir zum Feld III zurückgeschickt werden, muss ich wissen, was in dem schrecklichen Todeslager alles passiert ist.

Chaim: Ich wünschte, alles wäre nur ein Höllentraum, aus dem man gesund wieder aufwachte.

Hersch: Wer weiß? Vielleicht ist das Leben nur ein Traum.

Perec: Ein Albtraum.

Moshe: Warum nur hat unser Gott uns verlassen?

Chaim: Er hat uns nicht verlassen. Wisst ihr, was der Rabbi Breslov sagte?

Perec: Was?

Chaim: Wo immer wir sind, Gott ist immer in unserer Nähe. Das Gefühl, entfernt von Gott zu sein, ist ein subjektives, kein objektives. Es ist nur unser eigenes Gefühl, nicht aber die Realität.

16. Szene

Am folgenden Abend:

Perec: Das Stückchen Brot, das ich mir unter dem Kopfkissen für heute morgen aufsparen wollte, hat mir doch tatsächlich heute Nacht jemand geklaut.

Chaim: Von uns war es auf keinen Fall einer. Am besten, du verschlingst alles sofort, dann kann es dir keiner stehlen. Hier bei uns gibt es einige Gesunde, die aber den Schwerkranken markieren und sogar die Ärzte überlisten. Doch die beiden Lagerärzte haben sie heute nicht täuschen können, sodass sie drei von ihnen trotz ihrer wilden Schreie und Bitten hinausbefördern ließen. Moshe: Eigentlich brauchte keiner noch zusätzlich zu simulieren, sind wir doch alle unterernährt und Dahinsiechende auf Zeit. Aber nun, Chaim, berichte weiter, was im Ghetto von Lodz noch geschah. Ich habe dort Verwandte gehabt, von denen wir nie wieder vernommen hatten.

Chaim: Ja, diese wird gewiss in Chelmno das gleiche Schicksal ereilt haben wie vermutlich 200.000 bis 400.000. An dem Ghettotor nach innen hin standen jüdische Polizisten, doch außen davor waren es deutsche. Der jüdischen Polizei oblag es, die Leute für die Deportationen zusammenzustellen. Ihnen wurde ernsthaft versichert, dass wir in ein besseres Arbeitslager im Osten verschickt würden, wo jeder genug zu essen bekäme. Die wenigsten waren davon überzeugt, doch viele glaubten dennoch an diese Lügen, um sich selbst noch ein wenig Hoffnung zu geben. Denn keiner vermochte sich vorzustellen, warum man in ein Arbeitslager auch all die Kinder und Alten mitnehmen sollte. Die für eine der vielen Deportationen Ausgewählten mussten sich mit nur einem Gepäckstück zum Sammelplatz begeben. Die Kranken und Gebrechlichen schaffte man mit Karren dorthin, da oft die Gassen zu schmal waren, um sie mit einem Lastwagen abzuholen. Dann verließ man in großen Gruppen zu Fuß oder auf Wagen das Ghetto und wurde zu Gleisen geführt, wo Viehwaggons bereitstanden. Etwa 150 Leute zählte man für jeden Waggon ab. Später, als ich aus dem Warschauer Ghetto abtransportiert wurde, habe ich ein Gleiches erlebt. Im Lodzer Ghetto herrschte bei jeder angeordneten Deportation größte Panik. Riebow, der deutsche Verwaltungschef des Ghettos, und unser Judenältester Rumkowski unterhielten sich scherzend miteinander, während die Leute vor Angst schrieen und weinten. Ich erinnere mich noch an den Tag, der unserem Jom Kippur folgte. Es war der 23. September 1942. Hier begann wieder einmal eine Deportationswelle großen Ausmaßes, als tagelang jeweils Tausende zu den Güterzügen marschieren mussten. Als Ziel, wie ich heraushören konnte, wurde Kolo angegeben. Aber dieser Bahnhof, wie ich später herausfinden konnte, war nur eine Zwischenstation. Dann ging es weiter nach Chelmno an der Neb. Von dort wurden die Deportierten in hermetisch dicht abgeschlossene Lastwagen gepfercht, in die man dann auf dem Weg nach dem benachbarten Vernichtungslager die Auspuffgase einließ, sodass bei der Ankunft im Todeslager die meisten schon tot gewesen sein müssen. Im Lodzer Ghetto wollten deutsche SS-ler und Handlanger vor ihresgleichen angeben und sich mit einfallsreichen Grausamkeiten hervortun. Sie ließen oft die Verängstigten vor sich hinknien und trieben mit ihnen ihre Späße. Einen der Gestapomänner nannten wir den 'Boxer'. Er war es, der mit seinem Schnellfeuergewehr beliebig tötete. Während dieser großen Deportationswelle mussten wir in unseren Häusern bleiben. Erst nach sieben Tagen wurde diese Szpera, die Ausgangssperre, aufgehoben.

Durch meine Beziehung zu dem Judenältesten durfte ich für die jüdische Lagerorganisation arbeiten und erhielt die Beirat-Ration, die meinen Hunger einigermaßen im Zaun hielt. Alle meine Familienmitglieder bis auf meine Mutter und meinen kleinen Bruder waren schon abtransportiert worden. Sie war nach Ausbruch des Krieges mit ihm zu ihrer Schwester nach Warschau geflohen. Als einer der Letzten im Ghetto wurde ich mit anderen in das Warschauer Ghetto transportiert. Über die Zustände dort habt ihr alle sicherlich schon von anderen gehört, da doch eine ganze Anzahl von ihnen hier ins Lubliner Lager gekommen ist. Aber bevor ich euch meine Erlebnisse in Treblinka erzähle, solltest zu Moshe du mal erzählen, was du durchgemacht hast. Du kommst doch aus Piotrkow.

Moshe: Alles, was du über das Ghetto Lodz gesagt hast, fand in ähnlicher oder in noch schlimmerer Weise in unserem Ghetto statt. Jeden beliebigen Tag konnten Selektionen vorgenommen werden. Vor allem traf es nicht nur die Arbeitsunfähigen, sondern es konnte auch alle treffen, die keine Arbeit hatten. Denn der Willkür der SS waren keine Grenzen gesetzt. Jeden Tag wurden im Ghetto einige erschossen, von den an Auszehrung, Hunger oder Krankheit Verstorbenen ganz zu schweigen. Deshalb war es für uns geboten, eine Arbeit zu finden, hatte man dann doch größere Chance, nicht zum Tode selektiert zu werden. So glaubte ich vor der Selektion sicherer zu sein, wenn ich mich für die Waffenfabrik in Skarzysko-Kammenia bewarb, die von einer Hamburger Firma namens Hasag betrieben wurde. Doch in diesem Zwangsarbeitslager war es noch viel schlimmer als im Ghetto. Im Mai 1942 wurden dort auf jeweils engstem Raum 5.000 Arbeiter und einige Hundert Arbeiterinnen untergebracht. Hatten wir im Ghetto von Piotrkow ebenfalls jüdische Polizisten, die der SS zuarbeiteten und dadurch Vergünstigungen erhielten, so waren hier in den Blocks die Kapos Juden, die sich sogar bei den Selektionen der SS beteiligten und auf jene wiesen, die in ihren Augen nicht arbeitsfähig oder arbeitswillig waren, das heißt, ihre tägliche Quote nicht erreichen konnten. Außerdem wurden wir von Ukrainern geschunden, die, wie man munkelte, Schwerverbrecher waren, welche die SS aus den Gefängnissen befreit hatte unter der Voraussetzung, dass sie jedem ihrer Befehle nachkamen. Sie waren sadistische Bestien und wollten den deutschen Mördern in nichts nachstehen, vielmehr überstiegen sie noch in vieler Hinsicht deren Niederträchtigkeiten. Und die SS duldete ihre bösen Launen. Ich musste an einer Maschine pro Stunde 100 Zwei-Zentimeter-Kugeln herstellen, die für die deutschen Frontsoldaten und sicherlich auch für unsere SS-Mörder bestimmt waren. Wie viele der von mir hergestellten Kugeln haben wohl auch jemanden von uns Häftlingen getroffen? Ich wurde somit unfreiwillig zum Mithelfer am Tode unseres Volkes. Einer der SS-ler namens Liedig, der als Judenmörder uns allen größte Schrecken einjagte und darauf stolz war, kam eines Morgens zum Appellplatz und prahlte vor den anderen, dass er nicht frühstücken könne, bevor er nicht wenigstens einen Juden umgebracht habe. Und dann erschoss er vor aller Augen den Nächstbesten und zog sich dann mit einem zufriedenen Lächeln zum Frühstücken in die SS-Kantine zurück. Wir mussten bei geringster

Kost zwölf Stunden in zwei Schichten arbeiten. Wir hungerten genauso, wie ihr gehungert habt. Nur die verflixten Läuse fraßen sich an unseren eiternden Schwären satt. Sie hatten wohl ihren Anteil daran, dass sich die Typhusepidemie verbreitete, die wiederum Tausende dahinraffte.

Chaim: Ja, im Ghetto von Lodz brach ebenfalls diese Epidemie aus. Man konnte mit dem Fortschaffen der Leichen kaum nachkommen.

Perec: Eine gleiche Typhusepidemie brach auch vor meiner Ankunft hier im Lager aus und soll Tausende hinweggerafft haben.

Moshe: Auch ich erkrankte in jener Munitionsfabrik an Typhus. Wer 13 Tage aushielt, ohne daran gestorben zu sein, gesundete wieder. Die nahezu täglich Selektierten fuhr man mit Lastwagen in den Wald. Man ließ sie ihre eigenen Massengräber schaufeln, bis man sie mit Maschinengewehrsalven darin niederstreckte. Neben vielen Arten von Munition mussten wir auch Minen herstellen, in deren Gemisch sich Pikrinsäure befand. Diese Säure drang in unsere Lungen ein und ließ unsere Gesichter gelb werden, da wir ohne Mundschutz arbeiteten. Nach spätestens drei Monaten war jeder daran gestorben. Gott sei Dank nahm sich meiner noch rechtzeitig ein deutscher Ingenieur an, der die Herstellung von Munition und Waffen kontrollierte. Er wies mich einer anderen Abteilung zu und verfügte darüber, dass ich nach meiner Schicht in sein Büro kam, um dort sauber zu machen. Und er ließ für mich immer wieder heimlich was zum Essen zurück, sei es ein kräftiges Butterbrot oder Kantinenreste. Ohne diese unverhofften Zusatzrationen wäre ich bestimmt bald ein Muselmann geworden. Ich konnte auch heimlich von diesen Rationen einem ehemaligen Klassenkameraden, der neben mir auf der Pritsche schlief, etwas abgeben. Dennoch ist er bald an Entkräftung gestorben. Wir hatten drei Deutsche als Vorgesetzte in der Fabrik. Der Direktor hatte einen Buckel und hieß Killisman oder so ähnlich. Er ließ seine Brutalität besonders an Mädchen und Frauen aus.

Chaim: Sigmund Freud würde sicherlich dessen Frauenhass darauf zurückführen, da er seiner körperlichen Verunstaltung wegen von Frauen gemieden oder zurückgestoßen wurde.

Hersch: Der war noch klug genug, rechtzeitig Wien zu verlassen und nach England zu gehen. Sonst wäre er auch nach Auschwitz oder sogar nach hier ins KZ-Lublin gekommen.

Perec: Hier hätte er bestimmt genügend Stoff sammeln können für ein Buch über die Bestie im Menschen mit einem Titel wie: Psychologie des Widerwärtigen im Menschen.

Chaim: Hatte nicht schon Schiller gesagt: „Gefährlich ist's den Leu zu wecken, verderblich ist des Tigers Zahn. Jedoch der schrecklichste der Schrecken, das ist der Mensch in seinem Wahn."

Hersch: Ja, die deutschen Klassiker. „Alle Menschen werden Brüder", nun ihr wisst schon. Aber dieses Ideal ist bisher noch nicht erreicht. Im Gegenteil. Heute scheint die ganze Welt einander verfeindet zu sein. Aber nun weiter, Moshe.

Moshe: Ja, dem deutschen Ingenieur verdanke ich sicherlich mein Leben.

Hersch: Vielleicht hatte dieser selbst einen Sohn in deinem Alter, weshalb er Mitleid mit dir hatte.

Moshe: Nein, er war auch anderen gegenüber hilfreich. Er schlug nicht, sondern hatte immer ein aufmunterndes Wort parat.

Chaim: Solche guten Deutschen gab es natürlich immer wieder. Aber mit der SS kam der Schmutz des deutschen Wesens nach Polen. Viele ihrer Kapos waren Berufsverbrecher, die sich hier in ihrer Unmenschlichkeit nach Herzenslust austoben konnten.

Hersch: Ich glaube, dass jedes Volk, wäre es von einem Hitler verführt worden, ein gleiches Potential an Unmenschlichkeit präsentieren könnte.

Moshe: Und vor einigen Wochen bin ich mit anderen hierher transportiert worden. Wolle Gott, dass wir dennoch überleben. Wo denn nur der Russe bleibt? Der hätte uns doch schon längst befreien müssen, nachdem die Deutschen die Panzerschlacht in Kursk verloren haben und sich nun auf dem Rückmarsch befinden.

Perec: Wie gut, dass auch einige polnische Facharbeiter über Tag ins Lager kommen und uns heimlich über die Lage an den Fronten berichten. Es soll eine polnische Widerstandsgruppe geben, die alles über die Verbrechen der SS nach London meldet. Somit erfahren sie auch alles über die Vernichtungslager. Das ist wohl auch der Grund, dass die Engländer und Amerikaner die deutschen Städte in Trümmerhaufen verwandeln. Es ist die Rache für Sobibor, Belzec, Auschwitz, Chelmno und natürlich Treblinka. Jetzt ist das Licht erloschen. Wir dürfen nicht mehr miteinander sprechen. Aber morgen musst du uns endlich deine Erlebnisse von Treblinka erzählen.

Chaim: Ja, morgen will ich berichten. Es ist dann mein 25. Geburtstag. Mögen euch die Läuse eine friedliche Nacht bescheren.

17. Szene

Moshe: Das mit dem Fieberthermometer hat wieder geklappt. Obwohl Dr. Blanke zu Dr. Landesmann sagte, dass ich bald entlassen werden könnte. Das bedeutet: zurück in die Hölle des Lagerlebens auf Feld III. Der Laurich hat es im Besonderen auf mich abgesehen. Immer wenn ich in seiner Nähe bin, haut er mit seinem Knüppel auf mich ein. Wir Juden sind ausersehen, die Prügelknaben der sadistischen ‚Musterknaben' zu sein.

Chaim: Hat nicht der Heilerrabbi uns bei seinen Besuchen im Krankenrevier immer wieder gesagt, dass alles einen Sinn hat? Aber welchen? Ich muss immer wieder nachdenken über das, was er in Bezug auf die schwarzen Sklaven in Amerika gesagt hatte.

Perec: Ja, er hat auch gesagt, dass wir durchhalten müssen und nicht verzweifeln sollen. Wir sollen unser Schicksal in Demut tragen und keine bösen Gedanken gegen unsere Widersacher hegen.

Moshe: Das kann ich nicht. Manche von diesen Schurken habe ich in Gedanken schon oft ermordet. Einige Male hat es mich gejuckt, mich auf einen der SS-Quäler zu stürzen und ihm mit einem Stein den Kopf zu zertrümmern. Natürlich wäre es dann mein eigener Tod. Aber wenigstens gäbe es einen SS-Mörder weniger.

Perec: Was zählt schon einer, wo es hier allein schon im Generalgouvernement wohl Zehntausende dieser Ausgeburten der Hölle gibt. Und sie haben sich vermehrt durch die angeworbenen angeblich deutschstämmigen ehemaligen gefangenen Sowjetsoldaten und die vielen hilfswilligen Polen, die nur allzu froh sind, dass die Deutschen uns ausrotten. Für sie sind wir doch immer ein unverstandenes Fremdvolk mit dem falschen Glauben und einer anderen Sprache gewesen, zumal wir uns meistens auf Jiddisch miteinander unterhalten haben.

Chaim: Und wenn wir im schwarzen Rock mit der Kippa oder schwarzem Hut und den Tefillin auf den Straßen zu sehen waren, hielten sie uns für Gespenster aus einer anderen Welt.

Moshe: Meine Eltern haben mich nicht orthodox erzogen. Wir haben uns nach der Pariser Mode gekleidet. Wir haben Reisen nach Italien, London und Paris unternommen. Nur an den Feiertagen gingen wir in die Synagoge, da wir dort auch unsere Verwandten und Freunde trafen.

Hersch: Nun, ihr wart wohlhabend und zogt bestimmt auch die Blicke vieler Neider auf euch. Wir waren arm und lebten von den Erträgen unserer Felder und der Viehwirtschaft. zu Chaim Doch wir sind nun neugierig auf das, was du in Treblinka erlebt hast.

Chaim: Im Ghetto von Warschau traf ich zu meiner Freude meine Mutter wieder. Mein jüngerer Bruder war schon an Typhus gestorben. Ich wohnte bei ihr in einem Raum, den wir noch mit anderen teilen mussten. Das Ghetto war ein Vorplatz zur Hölle. Auf den Straßen lagen oft Zusammengebrochene oder auch bereits Verstorbene. Es gab bettelnde Kinder, oder sie saßen auch am Straßenrand und versuchten noch ein Kleidungsstück oder einen anderen Gegenstand für ein, zwei Scheiben Brot einzutauschen. Fast täglich wurden die hungernden Ghettobewohner aus einem ganz plötzlich bestimmten Wohnblock auf die Straße getrieben. Wer dem Befehl nicht nachkam, sich versteckte und entdeckt wurde, musste mit einem Kopfschuss rechnen. Und nachdem ich fünf Wochen dort vegetiert hatte, mussten alle aus unserem Block sich auf der Straße aufstellen. Jeder durfte nur ein Gepäckstück mitnehmen. In langen Fünferreihen wurden wir zum Sammelplatz geführt, begleitet von bewaffneten SS-lern, polnischen Polizisten und auch Schäferhunden. An den Straßenrändern standen die Polen. Bei den Männern und vielen Jungen spürten wir Freude über unseren Gang zu den Viehwaggongs, bei den Mädchen und Frauen eher Mitleid. Es war für uns, als ob wir wie im Mittelalter zum Schafott geführt würden. Ich überlegte, ob ich, wenn wir an einer größeren Menschenversammlung vorbeimarschierten, nicht einfach aus unserer Reihe hinausrennen und in der Menge verschwinden sollte. Doch diesen Gedanken hatten auch zwei junge Männer gehabt. Sie liefen davon. Aber bevor sie die Menge erreichten, streckten die Kugeln der Begleitmannschaft sie nieder. Auch einer der Zuschauenden wurde getroffen. Ich würde sicherlich auch sofort erschossen auf dem Boden liegen. Außerdem war meine Mutter zu schwach, um alleine zu gehen. Ich musste sie eingehakt begleiten. Was wäre nun, wenn ich sie nicht mehr gehalten haben würde? Sie wäre sicherlich zusammengesackt und sofort mit einer Kugel im Kopf liegen geblieben. Nein, ich musste sie begleiten. Somit gab ich den Fluchtgedanken auf. Die polnischen Soldaten wie auch die jüdischen Kalfaktoren im Ghetto und die SS versicherten uns, dass wir in der Ukraine angesiedelt würden, wir alle gut versorgt und alle Arbeitsfähigen auch für ihre Arbeit entlohnt würden. Bei vielen verfingen sich diese Lügen als mögliche Hoffungsschimmer, oder sie zwangen sich diesen Glauben auf. Doch vielen war klar, dass diese Reise in den Tod ging. Die meisten hatten schon alle Tränen verloren, obwohl es immer noch zu viel zu beweinen gab. An dem Abstellgleis stehen die Viehwaggongs. Wir werden hineingetrieben mit Schlägen. Warum schlägt man uns, wenn es doch angeblich in eine neue Heimat in der Ukraine zu reisen gilt, wo uns ein besseres Leben erwarten soll als im Warschauer Ghetto? Und nachdem ein Waggon mit etwa 150 und manchmal mehr Personen gefüllt ist, wird er von außen verschlossen. Wir alle müssen stehen, da nur für die Kinder und Gebrechlichen Platz zum Hinsetzen auf dem Boden vorhanden ist. Wir müssen lange warten, bis alle die vielen bis zu vierzig Waggongs gefüllt sind. Nach drei, vier Stunden fahren wir endlich los. Im Waggon wird es sehr stickig und heiß. Die am Boden sitzen oder liegen bekommen kaum Luft, denn nur oben gibt es einige mit Stacheldraht versehene Luken. Man beginnt nach Wasser zu schreien. Nur wenige haben etwas an Flüssigkeiten in Flaschen dabei. Und die sind sehr bald ausgetrunken. Das Gestöhne und das Wehklagen nehmen zu. Und da es keinen Toiletteneimer gibt, verbreitet sich der Gestank von Urin und Kot. Meine Mutter sackt zusammen. Ich kann sie nicht mehr halten. Endlich halten wir an einem kleinen Bahnhof. Durch die oberen Luken versuchen wir herauszubekommen, wo wir sind. Keiner kennt den Ort. Ukrainische Hilfssoldaten bewachen den Zug. Wir bitten sie, uns etwas Wasser zu besorgen. Sie verlangen dafür aber Geld oder Wertgegenstände wie Uhren, goldene Ketten und Ringe. Zwei Frauen werfen ihnen ihre goldenen Eheringe zu. Tatsächlich bringt einer eine halbgefüllte Flasche und reicht sie einer von uns nach oben. Sofort reißen wir ihr diese aus der Hand, denn jeder ist am Verdursten. Nur mit Gewalt gelingt es ihr, selbst einen Schluck zu nehmen. Aber für ihr nach Wasser schreiendes Kind bleibt kein Tropfen mehr übrig. Wir fragen, wann wir weiterfahren. Und die Ukrainer sagen, dass wir ein Sonderzug seien, der außerplanmäßig fährt und darum die normal verkehrenden Züge zuerst passieren lassen muss. Und auf die Frage, wie lange es dauert, bis wir in der Ukraine ankommen, wird geantwortet, in drei Tagen. Aber bis dahin sind wir sicherlich alle in diesem Gedränge ohne Wasser und Lebensmittel gestorben. Und wieder rollt der Zug ein paar Dutzend Kilometer und bleibt dann auf freier Stecke stehen. Ich erblicke einen Bauern, der mit seinem Pferdefuhrwerk an den Gleisen entlang fährt und rufe ihm zu, uns zu sagen, wo wir seien. Doch er streicht grinsend mit seiner flachen rechten Hand über den Hals. Nun weiß ich gewiss, was das zu bedeuten hat. Die anderen fragen mich, was der Bauer gesagt habe. Doch ich sage, dass er nicht geantwortet hätte. Dann fährt der Zug ein kurzes Stück weiter und hält an einem Bahnhof namens Malkina. Jemand erinnert sich an diesen Ort und sagt, dass dieser ja in einer ganz anderen Richtung etwa 100 Kilometer nordöstlich von Warschau liege. Ich rufe einem ukrainischen Hilfssoldaten zu, dass wir ja gar nicht in die Ukraine fahren. Wo denn die Fahrt hinginge? Aber er gibt keine Antwort. Und nach längerem Warten fährt der Zug auf einmal rückwärts auf ein anderes Gleis. Was soll das bedeuten? Wir entdecken auf einmal kurz vor dem Anhalten einen Berg von Kleidern. Ich weiß nun 100-prozentig, dass wir gleich sterben müssen. Denn das sind die Kleidungsstücke der Ermordeten. Die werden sicherlich für die Rückfahrt in die Waggons geladen, sobald wir alle ausgestiegen sind. Werden sie uns alle gleich erschießen, wie ich das von anderen Lagern gehört habe oder vom Ghetto her kenne? Oder soll es wirklich wahr sein, dass, wie ein Gerücht umhergeht, wir vergast werden?

Dann wurden plötzlich die Türen aufgeschoben. Es regnete, es war kalt. Aber wir bekamen auf einmal Luft, denn es stank inzwischen nicht nur nach Urin, waren wir doch schon 14 Stunden unterwegs. Und schon brüllten die SS-ler und die Ukrainer: „Los! Los! Alle raus! Aber schnell!" Und sie hauten auch auf die Herabsteigenden ein. Viele hatten nicht mehr die Kraft herunterzuspringen und fielen. Wenn sie sich nicht gleich wieder erhoben, wurden sie mit Stockschlägen blutig geschlagen und dann weggezerrt und, wie wir hören konnten, erschossen. „Männer nach rechts! Frauen und Kinder nach links!" Wir wurden mit Schlägen in einen Hof getrieben und unter Androhung der Erschießung aufgefordert, alles, was wir noch an Wertgegenständen hatten, abzugeben. Was wir natürlich voller Angst auch sofort taten. Sodann hatten wir uns ganz auszuziehen und die Schuhe zusammenzubinden. In der Baracke gegenüber kann ich erkennen, dass mit den Kindern und Frauen das Gleiche passiert. Wir nackten Männer müssen uns in Fünferreihen aufstellen. Ein SS-Mann mustert uns und lässt etwa achtzig von uns hervortreten. Ich bin auch dabei. Die übrigen werden abgeführt. Uns wird befohlen, nun alles Gepäck in die Magazine zu schleppen. Und ein Schreck erfasst mich. Denn ich sehe dort Berge von Koffern, Decken, zusammengebündelten Schuhen, Anziehsachen, Brillen und anderes. Wir müssen alles im Laufschritt ausführen, da wir sonst mit Knüppeln und Peitschen geschlagen werden. Dann müssen wir uns wieder aufstellen. Ein SS-ler fragt: „Wer von euch ist Frisör?" Ich wusste, dass man nur eine Chance zum Überleben haben würde, wenn man von der SS für eine Arbeit benötigt wird. Ich meldete mich sofort wie auch einige andere, obwohl wir keine Frisöre waren. Aber das interessierte hier keinen. Nackt wie wir sind, werden wir, die zehn Ausgesuchten, in einen Raum geführt. Dort sind schon andere 'Frisöre', die die Arbeit schon kennen. Sie weisen uns an, gleich den Frauen das Haar zu schneiden. Mit fünf Schnitten muss das Haar abgeschnitten sein und in die Koffer gelegt werden. Keine Haare dürfen auf den Boden fallen. Jedem von uns wird eine Schere gereicht. Ich frage den einen, was mit den Frauen geschieht, denen die Haare abgeschnitten werden.

„Frag nicht so blöd. Sie kommen alle ins Gas. Aber das darfst du keiner sagen. Du musst sagen, dass sie nun in einen Duschraum kämen, um eine völlige Entlausung durchzuführen. Danach bekämen sie Kleidung, zu essen und zu trinken." Wir haben uns jeder hinter einen Stuhl zu stellen, vor dem ein geöffneter Koffer liegt. Dann kommt ein höherer SS-Mann herein und brüllt: „Ihr müsst schnell arbeiten. Keine Haare dürfen auf den Boden fallen. Und die Koffer werden erst ausgewechselt, wenn sie ganz gefüllt sind. Und wenn ihr verfluchtes Judenpack nicht schnell genug arbeitet, setzt es Schläge." Und dann gibt er seinen Schergen ein Zeichen, dass die Tür geöffnet wird. Und nun, von gebrüllten Worten und Peitschenschlägen begleitet, werden die ersten der splitternackten Frauen in unseren Raum getrieben. Eine jede muss sich auf einen der Stühle setzen und den Kopf nach vorne beugen. Wer sich dabei dumm anstellt, wird unbarmherzig von den Aufpassern geschlagen. Die Frauen weinen, schreien, dass ich am liebsten mit aufschreien könnte. Jetzt verlieren sie ihr Haar, für viele die Zierde ihrer Schönheit. Und der Vorarbeiter neben mir sagt: „Beeil dich mit dem Haareabschneiden. Sonst wird ein Mörder es merken und dich niederhauen." Obwohl meine Hände zitterten, gelang es mir, mit nur fünf Schnitten das Haar zu entfernen und in den Koffer zu werfen. Viele waren einfach wie lebende Mumien und sagten keinen Ton, denn sie waren wie erstarrt. Andere wollten sich gegen das Abschneiden ihrer Haarpracht wehren. Doch schon sauste ein Peitschenhieb auf sie nieder. Eine Frau sah mich an und sagte auf Jiddisch: „Ich vergebe dir." Ich kannte sie aus dem Ghetto. Und dann – *er beginnt auf einmal zu schluchzen* –... sitzt meine Mutter ... auf dem Stuhl vor mir. ... Wir schauen uns fassungslos an. ... Dann sagt sie: „Mein Junge, sag, stimmt es, dass wir ... nur entlaust werden?" Und schon wird sie von einem Peitschenhieb getroffen und angeschnauzt: „Hier darf niemand reden! Los, schneid ihr die Haare ab!" Und während sie vor Schmerzen aufschreit, deute ich mit dem Finger auf sie und sage: „Diese Frau ist meine Mutter!" Er befielt den neben mir arbeitenden ‚Frisör' mit mir den Platz zu tauschen. Trotz des Peitschenhiebes über ihr nun blutendes Gesicht flüsterte sie noch tapfer beim Davongehen: „Junge, mach alles, damit du überlebst. Ich liebe dich."

Und Chaim weint nun hemmungslos. Die drei anderen berühren seine Schultern, um ihr Mitgefühl auszudrücken. Doch keiner von ihnen kann weinen, denn ihnen sind die Tränen schon lange versiegt.

Moshe: Wir alle haben unsere nächsten Verwandten wohl verloren. Was haben wir dem Hitler bloß angetan, dass er diese Schicksale über unsere Häupter heraufbeschworen hat?

Perec: Ich glaube, dass Chaim erst einmal seine weiteren Erlebnisse im Vernichtungslager Treblinka auf morgen verschieben sollte. Sein erschütternder Bericht gibt mir nun den Mut, auch über meine Schicksalswege zu sprechen. Seid ihr bereit, zuzuhören? *Alle nicken.*

In unser kleines Schtetl in Galizien kamen eines Tages zwei deutsche SS-Offiziere mit einer Rotte von Trawnikis. Wir Juden mussten uns alle eiligst in die Synagoge begeben. Wer nicht schnell genug dorthin gehen konnte, wurde mit Peitschenhieben angetrieben. Einige Alte oder Gebrechliche erschoss man noch auf dem Weg dorthin. Auch hörten wir Schüsse innerhalb unserer Häuser, da man dort bei der Durchsuchung noch Versteckte oder Bettlägerige fand. Etwa 30 von uns stärkeren Männern und Jungen sortierte man vor Eintritt in die Synagoge aus. Wir wurden mit Schlägen wie Vieh auf eine Waldwiese getrieben. Dort hatte man schon Spaten, Schaufeln und Pickel hingeschafft. Wir mussten nun unter Schlägen den ganzen Nachmittag und dann bei Mondschein die ganze Nacht hindurch einen tiefen langen Graben ausheben. Wir alle wussten, was das zu bedeuten hatte, war uns doch schon einiges aus benachbarten Schtetln zu Ohren gekommen. Und die von uns vor Entkräftung umfielen, versuchte man durch Schläge wieder zum Aufstehen zu bringen. Wer es nicht schaffte, wurde gleich erschossen. Und dann in den frühen Morgenstunden führte man die ganze übrige jüdische Gemeinde, also Männer, Frauen und viele Kinder, die zumeist weinten, unter bewaffneter Begleitung herbei. Sie mussten sich nun alle unter Schlägen entkleiden und dann in die Grube steigen. Einige sind einfach davongerannt, und Kugelgarben hatten sie meist schnell getroffen. Ich wusste, dass ich auch sterben würde. Viele von uns beteten. Viele schrieen, rauften sich die Haare, riefen Gott um Hilfe an. Kinder heulten. Manche verwünschten die Deutschen und ihre Handlanger. Unser junger Rabbi beim Hinuntersteigen schrie: „Einen Gott gibt es nicht! Aber Satan!" Als die Hälfte der Nackten in der Grube waren, mussten die anderen warten. Dann stellten sich einige Trawnikis vor die Grube und schossen mit ihren Maschinengewehren in die Schreienden hinein. Wir etwa 20 übriggebliebenen Erschöpften mussten nun wieder die Schaufeln in die Hand nehmen und über die erste Schicht der Ermordeten Erde werfen. Dann zeigte der SS-Offizier auf uns, die wir die Schaufeln in der Hand hielten, und hieß die Hälfte von uns sich ebenfalls auszuziehen. Nur zehn Männer hielt man zurück. Denn sicherlich hatten sie nachher die Grube mit Erde zu bedecken und die Kleider der Ermordeten zu dem Lastwagen zu bringen, bevor man auch sie erschoss. Ich war unter den zehn, die sich freiwillig rasch auszogen, denn ich wollte so schnell wie möglich diese Erde verlassen, um in das himmlische Jerusalem zu gelangen. Und zusammen mit meinen Eltern und meinen Geschwistern, die wir nun alle nackt bei einander waren, stiegen wir in die Grube. Wir hatten uns noch vor Angst zitternd umarmt. Ich tröstete sie und sagte: „Gleich ist alles vorbei. Wir werden uns in einer höheren und schöneren Welt wiedersehen." Wir mussten uns nun hinlegen. Und dann ratterten die Kugeln auf uns. Ich wurde am Arm und am Bein nur leicht getroffen, blieb aber regungslos liegen. Blut spritzte von dem neben mir Liegenden auf mein Gesicht. Einige stöhnten noch vor Schmerzen. Schließlich wurde Erde auf uns geworfen. Über mir lagen bald drauf einige Leiber der Hingerichteten. Ich bekam kaum Atem. Aber ich lebte. Langsam schob ich die herabgefallene Erde zur Seite, sodass ich mehr Luft von oben bekam. Ich konnte sogar etwas Licht sehen. Ich wartete dort, bewegungslos liegend, den ganzen nie enden wollenden Tag ab. Dann bei Dunkelheit arbeitete ich mich unter den Leibern hervor und lief, so schnell ich vermochte, nackt in den Wald in der Hoffnung, dass nicht zufällig noch irgendein Trawniki an der zugeworfenen Grube Wache hielt, um aufzupassen, ob noch jemand lebend daraus hervorkriechen könnte. Mir gelang es, bei einem Bauern unterzukommen, dem ich häufiger Holzladungen gebracht hatte und der mich leiden konnte und mir einmal gesagt hatte: „Wenn du nicht zum falschen Glauben gehören würdest, würde ich dir gerne meine Tochter zur Frau geben." Diese Tochter traf ich häufiger im Wald und wir hatten uns ineinander verliebt und küssten uns. Nun überredete sie den Vater, dass ich bleiben könne. Doch als der auf mich eifersüchtige Knecht mich an die polnische Polizei verriet, wurde ich noch rechtzeitig gewarnt und konnte fliehen. Doch schließlich auf vielen Umwegen wurde ich dennoch festgenommen und landete hier in diesem Lager. Seit jenem Erlebnis in der Grube habe ich nie wieder eine Träne geweint. Denn alles weitere Entsetzliche konnte nicht entsetzlicher sein, als was ich erlebt hatte. Warum musste ich als Einziger unserer Familie überleben?

Hersch: Du musst auch die gegenwärtige Hölle überleben. Und dann musst du versuchen, nach unserem gelobten Land zu kommen, musst heiraten und Nachwuchs zeugen. Das bist du deinen Eltern schuldig. Doch das wird noch ein langer gefahrenvoller Weg sein.

18. Szene

Moshe: Unser Revierkapo hat plötzlich Magenkrämpfe bekommen. Er darf ins Lazarett für die Privilegierten. Hoffentlich wird er nicht gleich vom Heilerrabbi behandelt, sonst ist er morgen schon wieder bei uns und traktiert uns. Jetzt können wir uns jetzt noch ungestört ausgiebig unterhalten. Ich kann es gar nicht abwarten, von dir weiterhin zu hören, was in der Todesfabrik alles geschah. Du warst also zuerst Frisör. Wie vielen Frauen und Mädchen musstest du am Tag die Haare abschneiden?

Chaim: Es kamen nahezu täglich zwei, seltener drei Transporte mit je 3.000 bis 4.000 Menschen. Manchmal auch einer mehr. In einer Stunde musste ich etwa 100 Frauen die Haare abschneiden.

Perec: Wie war das möglich?

Chaim: Alles ging ruckzuck. Wer nicht schnell genug arbeitete, bekam Prügel. Es war wie Fließbandarbeit. Denn die dann nahezu Kahlköpfigen trieb man anschließend zum ‚Schlauch', wo oft schon andere Nackte standen. Von dort unter Versprechungen der Entlausung trieb man sie in die Gaskammern. Sie rannten, wie ich später selbst sehen konnte, dort hinein, denn die Letzten bekamen furchtbare Schläge. Nur um den Schlägen zu entgehen, wurde alles schnellstens, wie anbefohlen, ausgeführt. Zeit zum Nachdenken blieb nicht.

Hersch: Hast du das alles gesehen?

Chaim: Während meines neunmonatigen Aufenthaltes habe ich ziemlich alles mitbekommen, was in der Todesfabrik geschah. Denn nach meiner dreiwöchigen Frisörarbeit kam ich nun auf die andere Seite, wo die Toten aus den Gaskammern geschleift wurden. Ich wurde dem sogenannten Schlauchkommando zugeteilt.

Moshe: Wie viele Gaskammern gab es denn?

Chaim: Der Schlauch mündet vor einem flachen Gebäude, in welchem sich zehn Gaskammern befinden. Weiter hinten gibt es nochmals drei davon, die etwas größer sind. Die zehn Kammern messen sieben mal sieben Meter, also 49 Quadratmeter. Vor diesem weißen Gebäude ist ein großer Davidstern angebracht. Die Nackten müssen ein paar Stufen hochgehen. Dort steht ein Deutscher und sagt süffisant lächelnd: „Bitte, meine Damen und Herren! Treten Sie ein." Dann gelangen die oft wieder Hoffnung Schöpfenden in den Vorraum, der mit Blumen geschmückt ist. An den Wänden hängen Handtücher, um die Illusion zu wecken, dass man sich ja damit nach dem Duschen abtrocknen kann, also überleben wird. Danach geht es ins 'Bad'. An der Decke befinden sich Duschbrausen. Jede der zehn Gaskammern wird dichtgedrängt mit den Leibern von Jung und Alt gefüllt. Etwa 400 bis 500 Nackte werden jeweils in eine Kammer mit Schlägen hineingetrieben. Erst wenn alle zehn Gaskammern gefüllt und abgeriegelt sind, wird der Motor des großen sowjetischen Panzers angeworfen, dessen Abgase in alle zehn Gaskammern gleichzeitig geleitet wird. Die drei zuerst erbauten weiter hinten liegenden Gaskammern benutzt man nur bei Hochbetrieb. Um die Schreie aus den Gaskammern zu übertönen, müssen wir uns aufstellen und ein Lied singen, bis man keinen Laut mehr von innen hört. Meistens verstummen die Schreie schon nach einigen Minuten. Doch erst, wenn man sich durch die Luke vergewissert hat, dass keiner sich mehr bewegt, wird nach 20 bis 25 Minuten die jeweilige hintere Tür geöffnet. Das ist für uns gepeitschten Arbeitstiere das Entsetzlichste. Denn sobald die Türen geöffnet werden, kommt uns der entsetzliche Gasgeruch entgegen. Dieser ist oft noch gesundheitsgefährlich, weshalb wir versuchen, den Atem anzuhalten. Auch werden jetzt die Generatoren zum Absaugen des Gases angestellt. Durch das Gas haben sich die Leiber der Toten aufgebläht, sodass sie jetzt alle wie zu einer einzigen Masse zusammengebackt sind. In ihren letzten Lebensminuten haben sie sich wohl alle aus dem Mund und anderen Öffnungen entleert. Wir müssen nun die Leichen, deren Gesichter sich verfärbt haben, von einander trennen, was, da sie sich oft in Todeskrämpfen umschlungen hielten, sehr schwer ist, und nach draußen schaffen. Jeweils zwei Leichenträger tragen dann auf einer Eisenbahre die Toten zu den 'Dentisten' und dann zu den Massengräbern. Sodann müssen wir die Gaskammern von allem Kot, Urin und Erbrochenen samt Blutflecken reinigen. Die Wände und der Boden müssen von den 'Malern', wie sie die SS nennt, frisch gekalkt werden, sodass alles wie neu aussieht. Dieser gesamte Vorgang darf nicht länger als eine Stunde dauern. Denn vor dem Schlauch warten schon die Nächsten auf ihren Gang in die Vernichtung.

Perec: Was ist dieser Schlauch?

Chaim: Es ist ein Gang, der an den Seiten mit Zweigen dicht ausgestattet ist, sodass niemand hindurchsehen kann. Dieser Schlauch ist deshalb gebogen, damit keiner, der am Eingang steht, einzublicken vermag, was an dessen Ende passiert.

Perec: Habt ihr keine Krematorien gehabt?

Chaim: Doch. Aber es kamen zu viele Menschen, sodass man keine Zeit hatte, sie in Asche zu verwandeln. Große Bagger gruben riesige Gräber aus, in denen oft je 100.000 Leichen lagen.

Moshe: Was versteht ihr unter Dentisten?

Chaim: Die aus den Gaskammern im Dauerlauf Geschleppten – denn wie bei den hiesigen Kommandos musste auch dort alles im Dauerlauf geschehen – werden zuerst zu jenem Kommando gebracht, das in die jeweiligen Münder schaut, ob dort Gold als Zahnersatz vorhanden ist, welches herausgezogen wird. Und wehe, einer dieser Dentisten übersieht etwas, dann wird er sofort geschlagen oder gar liquidiert. Auch die Leichenträger werden geschlagen. Morgens um 6 Uhr nach dem Frühstück ist Appell. Dann um zwölf ist eine Stunde Pause samt Appell und Anstehen für die Suppenration. Und um sechs ist nach dem Abendappell die Tagesschicht beendet. Doch manches Mal gab es auch Nachtschichten. Denn alle Transporte mussten an einem Tag abgefertigt sein, weil schon am nächsten Tag die neuen Deportationen kamen, deren Züge oft über Nacht in Malkina warten mussten. Im Sommer standen diese Züge oft stundenlang unter der brennenden Sonne, sodass viele der darin Durstenden bei einer Temperatur, die fünfzig Grad erreichen oder übersteigen mochte, oft schon erstickt waren, bevor sie an unserer Rampe ausgeladen wurden.

Perec: Habt ihr mehr als wir hier zum Essen bekommen? Chaim: Nein, es war genau das Gleiche. Morgens zwei Stück Brot und einen Kaffeeersatz, mittags und abends jeweils eine Schöpfkelle Suppe. Wir waren genauso hungrig wie alle hier, von den Vorarbeitern, Stubenältesten, Kapos und dergleichen abgesehen.

Moshe: Gab es dort auch Sadisten?

Chaim: Noch Schlimmere als hier. Wir wurden von etwa 100 SS-Männern und 140 Trawniki-Ukrainern bewacht. Ein gewisser Scharführer, der jeweils ein Kommando führte, kam oft abends zum Appell alleine wieder, da er alle Häftlinge mit seiner Pistole erschossen hatte. Er fühlte sich dann immer als Held und wurde von seines Gleichen wohl besonders geachtet, von uns aber überaus gefürchtet. Keiner wollte in sein Kommando, wusste man doch nicht, ob man abends beim Appell noch dabei war. Auch beim Abendappell mussten wir auf Anordnung des Oberscharführers Matthes ein Lied singen. Und wehe jemand sang nicht lautstark mit. Sofort war einer der Trawnikis da und ließ einen die Peitsche spüren. Noch schlimmer war der Oberscharführer. Alle zitterten vor ihm, wenn er in ihre Nähe kam. Er schlug einem Beliebigen, dessen Gesicht ihm offenbar nicht gefiel, auf die eine Backe, sodass dieser umfiel. Er musste sofort wieder aufstehen und erhielt auf die andere Backe einen kräftigeren Schlag. Und das wiederholte sich einige Male, bis der blutig Getroffene sich nicht mehr erheben konnte. Alsdann befahl er seinem Hund Bari in Umkehr der Arten: „Mensch, beiß den Hund!" Und der große Köter zerbiss ihm die Kehle. Für diese Mörder waren wir Juden weniger als ein Hund. Wir waren von der Menschheit ausgeschieden. So viele von uns haben den Selbsttod auf alle mögliche Art vorgezogen. Meistens durch Erhängen. Und im Winter ließen diese oft voll betrunkenen Mörder Hunderte von nackten Frauen bei 25 Grad minus im halben Meter hohen Schnee einige Stunden stehen, lachten und amüsierten sich, wie diese Frauen schrieen, zitterten, sich umschlungen hielten. Ich bin dort viel mehr geschlagen worden als hier. Aus einem Zeitungsartikel, in welchem ein Butterbrot von einem Deutschen für mich liegen gelassen worden war, las ich, dass die Deutschen in Katyn ein Massengrab mit über 10.000 erschossenen polnischen Offizieren fanden, welche die Sowjets nach ihrem Einmarsch in Ostpolen nach dem Vorbild der Deutschen einfach durch Kopfschuss erledigt hatten. Nun inszenierten die Deutschen einen Aufschrei des Entsetzens und führten ausländische Journalisten herbei, um das Ausmaß dieses Verbrechens in alle Welt zu posaunen.

Perec: Und lenkten somit von ihren eigenen Verbrechen ab, die dimensional größer waren.

Chaim: Nun wurde aber sicherlich, um einem gleichartigen Aufschrei des Entsetzens in der Welt vorzubeugen, vom Obermörder Hitler angeordnet, sämtliche in den Gruben befindliche Leichen wieder hervorzuholen und zu verbrennen, sodass späterhin nicht die immer siegreicher werdenden Sowjets die Leichen von Treblinka ausgraben und mit den Fingern auf die Deutschen deuten konnten als die 1.000-mal größeren Verbrecher.

Hersch: Jetzt war ihnen ein mögliches Aufdecken ihrer Mordtaten anscheinend doch unheimlich.

Chaim: Jawohl. Denn sicherlich wollte Hitler als der größte Eroberer und nicht als der größte Mörder in die Geschichte der Menschheit eingehen. Und nun mussten die drei Bagger eine Grube nach der anderen wieder öffnen. Ich schätze, dass da gut eine Million Leichen lagen. Jede Lage war mit dem hellen Sand der Kiesgrube bedeckt. Zuerst schüttete man Benzin über sie. Aber das brachte nicht den erhofften Verbrennungserfolg. Alle diese Leichen wurden nun nach und nach ausgebaggert und auf einen Haufen gelegt. Aber auch dieser Verbrennungsvorgang dauerte zu lange. Dann im Januar dieses Jahres kam ein Verbrennungsspezialist, der Bahnschienen auf Sockel legte, worauf nun bis zu zwei Meter Höhe die Leichen von uns gestapelt wurden, die der Bagger mit der Schaufel voller Menschenleiber vor uns aus acht Meter Höhe niederfallen ließ. Und manches Mal erlaubte es sich dieser Baggerführer, die Menschenladung genau zu dem Zeitpunkt auszukippen, wenn wir Menschenleiber aufeinander stapeln mussten, sodass einige von uns schwer verwundet oder gar getötet wurden. Und so lagen auf den immer weiter ausgebreiteten Schienen viele zwei Meter hohe Pyramiden von Leichen und Leichenteilen. Um halb 6 Uhr abends wurde nun von unten das Feuer angezündet. Die zusammengeschrumpften Leichen, denen die Flüssigkeit schon entzogen war, verbrannten viel schneller als die Frischleichen. Der Gestank war sicherlich viele Kilometer weit zu riechen. Furchtbar.

Perec: Und waren dann alle Körper verbrannt?

Chaim: Immer noch waren Knochenteile zu sehen oder in den Gruben zu entdecken. Diese mussten wir zerkleinern und zermahlen. Die Asche wurde dann verstreut. Denn niemand sollte auch in zukünftigen Jahren noch irgendwelche Knochenteile ausgraben können, um den Mördern ihre Untaten nachweisen zu können.

Moshe: Wie froh bin ich, nicht nach Treblinka oder Sobibor oder Belzec gekommen zu sein. Die beiden anderen Vernichtungslager sollen ja, wie wir durch polnische Facharbeiter hier im Lager heimlich mitbekommen haben, dem in Treblinka nicht nachstehen.

Hersch: Nicht zu vergessen Auschwitz.

Perec: Aber darüber hören wir hier zu wenig.

Moshe: Da kommt ja unser bärtiger Heilerrabbi. Schalom!

Rabbi: Ja, Schalom. Wie geht es eurer Genesung?

Hersch: Ich hoffe, dass sie noch lange auf sich warten lässt.

Rabbi: Ja, ich verstehe euch sehr gut. Euch darf ich und will ich auch nicht meine Heilkräfte zukommen lassen. Ich habe gerade den Bericht von Chaim über Treblinka mit angehört.

Chaim: Aber du warst doch gar nicht hier?

Rabbi: Unsichtbar schon. Auch ich war in Treblinka und habe vieles miterleben können.

Hersch: Auch unsichtbar?

Rabbi: Ja, natürlich. Übrigens, Chaim, hast du vergessen, über Iwan den Schrecklichen, jenen Trawniki mit seinem langen Stab, der so manchen von uns niederstreckte, zu berichten. Auch hattest du vergessen, dass viele in euren Kommandos, wenn sie den Körper eines der Ihren aus dem Leichenhaufen wiedererkannten, ihre Trauer dadurch ausdrückten, dass sie in ihre Kittel Handspannen große Schnitte einrissen.

Chaim: Und bei einigen waren fünf und mehr Schnitte im Kittel zu sehen.

Rabbi: Aber ihr habt sicherlich genug Grausames über die Mordtaten in den Ghettos, Lagern und Todeslagern schon vernommen, sodass ihr nicht noch mehr hören wollt. Ich, lieber Chaim, habe dich im Todeslager davor geschützt, dass du getötet wurdest.

Chaim: Wie denn das?

Rabbi: Ich konnte deine schlagenden Quäler derart beeinflussen, dass sie dir keinen Todesschlag verpassten. Auch habe ich dafür gesorgt, dass du den verschiedensten Kommandos zugeteilt wurdest. Denn du solltest alles kennenlernen. Du wirst auch dieses Lager überleben. Und du wirst im neu zu gründenden Israel über das berichten, was du in der Shoa erlebt hast. Es ist wichtig, dass die Menschen Zeugen dieser Verbrechen haben.

Chaim: Woher kannst du wissen, dass ich überleben werde?

Rabbi: Ich vermag in die verschiedensten Zeiten hineingehen, sei es in die Vergangenheit, in die Zukunft oder wie jetzt in eure Gegenwart.

Übrigens wird deine Mutter als deine Tochter wiedergeboren werden.

Hersch: Werde ich auch das Lager überleben?

Rabbi: Ich vermag nichts Zukünftiges bei dir zu sehen. Denn nicht immer ist mir die Sicht, in die Vergangenheit oder in die Zukunft zu schauen, gegeben.

Hersch: Kannst du etwas über meine Vergangenheit erkennen?

Rabbi: Du warst bei dem großen Pogrom in Russland gegen die Juden in den 80er Jahren dabei und hattest die Verstecke von Juden verraten.

Perec: Und was kannst du über mich sagen?

Rabbi: Ich sehe dich in New York. Du hast ein Juweliergeschäft, das du vom Schwiegervater übernommen hast. Und ich sehe gerade die Situation, wie ein ehemaliger Trawniki, der dir hier im Lager die Wunde geschlagen hat, deinen Laden betritt. Du erkennst ihn und fragst ihn, ob er nicht Aufseher im Konzentrationslager Lublin war. Er blickt verlegen und will den Laden sofort verlassen. Aber du hältst ihn am Arm zurück und sagst, dass er dir die Wunde am Oberschenkel zugezogen hat. Du erklärst ihm, dass du ihn nicht anzeigen willst. Vielmehr möchtest du ihm vergeben. Und er fällt vor dir nieder, weint und sagt: „Ich weiß nicht, warum ich damals zum Teufel geworden bin. Ja, ich habe Juden gequält und sogar sadistische Freude dabei empfunden. Ich möchte an Ihnen alles wiedergutmachen. Was darf ich für Sie tun?"

Perec: Und weiter?

Rabbi: Er wird dein vertrauensvoller Angestellter.

Moshe: Das klingt unglaublich. Wie kann ein Teufel ein guter Mensch werden?

Rabbi: Alle Teufel werden im Laufe ihrer vielen Leben zu liebevollen Menschen. Manche schaffen es noch in einem Leben.

Moshe: Und was kannst du über mich sagen?

Rabbi: Ich sehe, wie deine Mutter dich mit Blumen empfängt.

Moshe: Aber sie ist doch tot? Die Nazis haben sie doch umgebracht?

Rabbi: Niemand stirbt wirklich. Der Tod ist eine Illusion, wie auch das Leben ein Spiel der Illusionen ist. Auch die Hölle ist eine Illusion, die man sich meistens selbst bereitet. Die meisten dieser SS-Schergen und ihre bösen Helfer werden in dieser wohl gequält werden. Nur die Reue und die Bitte um Vergebung befreit. Das ganze Weltgeschehen liegt einem Plan zugrunde.

Hersch: Ich beneide Perec, dass er in New York Juwelier sein wird. Ich bin bestimmt ein ebenso gottesfürchtiger Mensch wie Perec. Warum wird er Juwelier und nicht ich?

Rabbi: Jeder Mensch ist einzigartig. Vergleiche dich nicht mit anderen. Ein jeder lebt das Leben, das Gott ihm zugewiesen hat.

Hersch: Aber sag, verehrter Rabbi, warum muss uns Juden dieses Schicksal der totalen Ausrottung beschieden sein? Wir sind doch Gottes auserwähltes Volk?

Rabbi: Diese Antwort wird dir nur Gott geben können. Doch nach dem Tod wird euch viel Erhellendes erklärt werden. Denn, wie ich immer wieder sage, unterliegt alles einem höheren Sinn.

Perec: Aber ich sehe absolut keinen Sinn darin, uns Juden zu vernichten. Sicherlich wollen die Nazis, die uns hassen, ihr zu erschaffendes Großgermanisches Reich judenfrei machen. Aber deshalb braucht man uns doch nicht wie Ratten auszurotten.

Rabbi: Wer hasst, hasst sich selber. Ein jeder ist das Spiegelbild des anderen. Im Grunde sind alle Menschen eins. Nur die Liebe kann den Hass überwinden. In der Dunkelheit entsteht die Sehnsucht nach Licht. Im Hass entsteht die Sehnsucht nach Liebe. Die Menschen leiden aus Unwissenheit. Wenn sie wüssten, dass alles einen Sinn hat, dass alles genau so richtig ist, was ihnen und wie es ihnen geschieht, dann brauchte man weniger oder nicht mehr zu leiden. Dann würde man ein Leben in Demut leben und sich vor dem Allmächtigen verneigen. Aber den Weg zu dieser Demut muss jeder selbst finden. Denn das Suchen und Finden gehört in der langen Seelenentwicklung des Menschen zu seinen Aufgaben.

Hersch: Bestraft uns Gott eigentlich, weil wir nicht alle Mitzvots wie zum Beispiel die ganzen Verhaltensvorschriften zum Sabbat eingehalten haben?

Rabbi: Die Liebe zum Nächsten ist höher als eine der vielen Vorschriften. Denn das höchste Gebot, das Gott Moses gegeben hat gleich nach dem Gebot, dass du den Allmächtigen lieben sollst, lautet: Liebe Deinen Nächsten wie dich selbst. Denn jeder Nächste bin ich im Grunde selbst. Und wenn ich am Sabbat große Schmerzen habe und kein Arzt des Feiertages wegen zu kommen wagt, dann möchte ich von diesen Schmerzen erlöst sein. Und weil ich mich als Heilender in den jeweiligen andern versetzen kann, werde ich sicherlich nicht aus Gesetzes Zwang den Anruf eines nach Hilfe Schreienden – und sei es ein Goj – missachten. Und vielleicht war dieser in einem früheren Leben selbst einmal ein Jude.

Perec: Aber unsere Rabbiner bestehen doch auf Einhaltung möglichst aller Gesetze.

Rabbi: Jede Heilige Schrift gibt Verhaltensweisen vor. Doch ein jeder ist aufgerufen, seine innere Stimme zu fragen, ob in gewissen Fällen bei der strikten Einhaltung der Gesetze gegen die Liebe verstoßen wird. In solchen Fällen soll man, nein, muss man der Liebe folgen. Wer nur den Gesetzen gehorcht und dabei gegen die Liebe verstößt, hat ein Leben umsonst gelebt. Wir kommen so viele Male auf die Erde zurück, bis wir ganz in Liebe denken, sprechen und handeln. Ihr kennt vielleicht die Sabbatentweihung des Bescht. Er war inmitten der dritten Mahlzeit, als er telepathisch den Anruf einer Frau bekam, die Gott darum bat, ihre am heutigen Tag entlaufene Enkeltochter zu retten, die in ein Bordell geflüchtet war. Der Bescht machte sich sofort auf, ging in das Freudenhaus und holte das Mädchen noch unversehrt heraus und rettete es vor dem sittlichen Verfall. Ihr kennt das Wort des Psalters, das da heißt: „Ist es Zeit für Gott zu handeln, so bist du der Lehre entbunden." Orthodoxe Lehren verstoßen oft gegen die Liebe. Ihre rigorosen Befolger werden einst vor den himmlischen Richtern stehen, und ich hoffe, dass dort gute Leumunde für sie sprechen, ansonsten sie ihre Vergehen in einem nächsten Leben durch Taten der Liebe auszugleichen haben.

Nun, ich werde jetzt in ein anderes Lazarett gehen. Ein evangelischer Pastor hat mich bitten lassen, zu ihm zu kommen. Haltet durch. Gebt nicht auf. Ich komme wieder. Sich erhebend Schalom.

Alle drei: Schalom.

19. Szene

Der Rabbi kommt zu dem Bett eines Pastors

Rabbi: Sie sind doch der Pastor Kellermann?

Pastor: Und Sie sind der Heilerrabbi? Seien Sie mir herzlich willkommen. Der Grund, warum ich gebeten habe, dass Sie zu mir kommen, war der, dass ich im Krankenhaus von Lublin über Ihre Wunderkräfte vernommen hatte. Und ein Arzt riet mir, mich Ihren Fähigkeiten anzuvertrauen.

Rabbi: Sie haben, wie ich sehe, große Beschwerden mit Ihrer Milz.

Pastor: Wie können Sie das sehen?

Rabbi: Ich kann durch die Bettdecke hindurch sehen, dass Ihre Aura dort ganz rötlichbraun ist. Wie ich jetzt weiter erkenne, haben Sie einst vor vielen, vielen Jahren einen Speerstich dort empfangen, der nach schmerzlichem Siechtum für Sie tödlich war.

Pastor: Aber ich kann mich nicht an einen Speerstich erinnern. Wann soll das denn gewesen sein?

Rabbi: Bei einem Kampf in Akkon vor etwa 800 Jahren.

Pastor: Soll das heißen, dass ich schon früher einmal gelebt haben soll?

Rabbi: Ja, Sie haben schon viele Leben durchlaufen.

Pastor: Ich als Pastor der evangelischen Gemeinde in Lublin habe noch nie etwas über mehrere Erdenleben gelesen oder vernommen. Auch sagt unsere Lutherbibel nichts darüber. Jesus hat nie über frühere Leben gesprochen.

Rabbi: Oh, doch. Sie kennen doch sicherlich die Stelle bei Markus und Matthäus, wo Jesus mit seinen Jüngern nachts auf einen Berg ging, um zu beten.

Pastor: Ja, natürlich. Und dann erschien ihnen im Licht Moses und Elias. Und die drei ihn begleitenden Jünger hörten eine Stimme, die sagte: „Dies ist mein eingeborener Sohn."

Rabbi: Und was fragten ihn da seine Jünger, die in ihm den angekündigten Messias sahen?

Pastor: Bevor der Messias komme, soll Elias wiedergeboren werden.

Rabbi: Und was antwortete Jesus?

Pastor: Elias ist bereits wiedergeboren worden. Aber sie haben ihn nicht erkannt.

Rabbi: Und was steht am Schluss dieses Ereignisses?

Pastor: Dass Johannes der Täufer dieser Elias gewesen sein soll.

Rabbi: Genau. Johannes der Täufer war in der Auffassung Jesu die Wiedergeburt von Elias.

Rabbi: In diesem Licht habe ich diese Stelle noch nicht betrachtet. Ich meinte, dass vielleicht der verstorbene Elias den Johannes inspiriert haben könnte.

Rabbi: Und Sie kennen doch auch jene Stelle im Johannes-Evangelium, wo Jesus einen Blindgeborenen von seiner Blindheit heilt.

Pastor: Ja, selbstverständlich. Ist dieses Ereignis doch eines der gewaltigsten Demonstrationen seiner göttlichen Herkunft.

Rabbi: Und was fragen die Jünger, als sie Zeugen von der Heilung des Blinden werden?

Pastor: Ja, diese Stelle habe ich nie verstehen können. Vielleicht liegen Übersetzungsfehler vor.

Rabbi: Er sagte auf die Frage seiner Jünger hin, ob dieser Blindgeborene aufgrund seiner Eltern blind geboren wurde oder ob er selbst seine Blindheit verschuldet habe.

Pastor: Ja, aber wie kann er seine Blindheit selbst verschuldet haben, denn im Mutterleib kann er doch keinen Schaden an seiner Seele anrichten?

Rabbi: Jesus wollte darauf hinweisen, dass die Seele des Blindgeborenen in einem früheren Leben diese gegenwärtige Blindheit selbst verschuldet hatte. Vielleicht hatte er in einem vergangenen Leben einem anderen das Augenlicht genommen.

Pastor: Das sind für mich ja ganz neue Interpretationen. Sie meinen wirklich, dass es frühere Leben gibt und dass auch körperliche Schäden und Schmerzen mit früheren Leben zusammenhängen können?

Rabbi: Nun, gewiss. Schlagen Sie einmal die Decke hoch, damit ich versuche, die Krankheitseinwirkung aus Ihrem Aurafeld herauszunehmen.

Pastor: Ja, gerne.

Der Rabbi beugt sich über ihn und streicht mit den Händen über die Gegend der Milz.

Rabbi: Ja, ich darf Ihr Leiden beheben, denn Sie haben in diesem Leben schon viel Gutes getan. Darf ich Sie fragen, wo Jesus, sollte er wiedergeboren sein, jetzt weilen würde?

Pastor: Sicherlich nicht hier. Entweder in Rom oder bei uns in der Landeskirche.

Rabbi: Er würde genau dort sein, wo man ihn am meisten braucht. Er könnte hier im Lubliner Konzentrationslager sich den Kranken, Geschlagenen und Verzweifelten widmen, um ihnen Trost und Zuversicht zu geben und sie von Schmerzen aller Art zu befreien.

Pastor: Wahrscheinlich haben Sie Recht. Warum eigentlich dürft ihr Juden nur koscheres Essen zu euch nehmen?

Rabbi: Hier im Lager ist das kein Problem. Denn wir bekommen kein Fleisch. Die Vorschriften, nur koscheres Fleisch zu essen, haben mit Auslegungen der Tora und alten Traditionen zu tun. Für mich war es immer wichtiger, dass das, was aus dem Mund herauskommt, koscherer ist, als das, was in den Mund hineinkommt.

Pastor: Sagen Sie mir eines. Warum wolltet ihr Juden vor allen anderen Völkern das einzige von Gott Auserwählte Volk sein?

Rabbi: Wir haben durch Abraham als erstes Volk der Welt alle anderen Götter abgeschafft und uns nur zu dem Einen bekannt. Mit Ihm haben wir einen Bund geschlossen. Warum Er uns gerade als das erste Volk auserwählt hat und nicht ein anderes, da müssen Sie Ihn selber fragen. Er hat sich immer als Beschützer erwiesen, der uns aus Ägyptenland führte, uns im Kampf gegen die vielen anderen Völker beistand und uns dann in das Gelobte Land geleitete. Durch Abrahams Hinwendung zu diesem Einzig-Allmächtigen ist der Monotheismus in der Welt entstanden. Juden, Christen und Moslems beten zu dem einen Gott. Aber hat nicht jede Religion die Tendenz, die einzig wahre sein zu wollen? Lehrt nicht der Katholizismus, dass man nur als Katholik in das Reich Gottes kommen könne? Und haben Sie als Pastor nicht auch die Überzeugung, dass allein der Glaube Martin Luthers der beste aller Glaubenssysteme sei? Wenn Sie den nicht hätten, würden Sie sich doch bestimmt einem anderen Glauben zugewendet haben?

Pastor: Ja, das stimmt. Ich kenne keine andere mich überzeugendere christliche Religion als das gepredigte Evangelium nach Martin Luther.

Rabbi: Und das Christentum als solches ist für Sie die einzig wahre Religion?

Pastor: Ja, selbstverständlich. Nur durch Christus, den Sohn Gottes, können wir erlöst werden und zurück zu Gott gelangen.

Rabbi: Und damit haben Sie sich vor den Augen Gottes vor anderen erhöht, weil Sie glauben, mit Ihrer Art Zuwendung zu Gott Ihm nun näher zu sein als andere, die ihre anders ausgerichteten Religionen ausüben. Für mich gibt es aber drei Hauptgebote als Lebensricht-schnur. Das erste lautet: Liebe Gott, den Allmächtigen, der alles erschaffen hat und erhalten wird, über alles. Das zweite Gebot für mich heißt: Du sollst nicht töten. Und das dritte, was schon Moses geprägt hatte und nicht erst Jesus, ist: Liebe deinen Nächsten wie dich selbst. Denn alle Seelen gehören einer Großseele an, die ein Teil von Gott ist. Wenn man einer Seele etwas Böses antut, hat man sich selbst und damit Gott dieses Böse zugefügt.

Pastor: Ja, ja, die Liebe zum Nächsten ist wohl das Schwierigste, da man sich doch immer nur selbst als der Nächste betrachtet.

Rabbi: ... anstatt im Nächsten auch sich selbst zu sehen.

Pastor: Und was ist mit den weiteren der zehn Gebote?

Rabbi: Die sind alle in dem Gebot „Liebe deinen Nächsten" enthalten.

Pastor: Warum habt ihr Juden solch einen schrecklichen Talmud, aus welchem die Judenhasser so gern zitieren? Zum Beispiel soll man hinter jedem Goj ausspucken und eine Verwünschung sagen. Warum das?

Rabbi: Ein jeder, der das tut, hat Gottes Gebot der Liebe zu seinem Nächsten nicht verstanden. Er hat sich vor Gott versündigt und muss im wiederholten Erdenleben die Lieblosigkeit durch ein liebevolles Verhalten und durch Demut wieder ausgleichen. Aber Sie müssen Folgendes verstehen. Wir Juden wurden viele Jahrhunderte hindurch verachtet, erniedrigt, verfolgt, beraubt und sehr oft sogar vom aufgebrachten Mob abgeschlachtet. Ohne den Talmud hätten wir alle Minderwertigkeitsgefühle. Der Talmud baut uns aber auf, gibt uns ein besonderes Wertgefühl, sodass wir uns behaupten können und nicht aus Minderwertigkeitsgefühlen verzagen. Wo alle uns verachten, gab es für die unterweisenden Gelehrten des Talmuds nur die Möglichkeit, die anderen, also die Gojim, klein zu machen und den Juden das Gefühl der Überlegenheit zu geben. Wo die Christen uns als Christusmörder, Praktizierende von Ritualmorden an Kindern, als Brunnenvergifter, als Wucherer hinstellten, uns also erniedrigten, benötigten wir ein Gegengewicht, das uns Selbstbewusstsein gab, indem wir in umgekehrter Weise die uns Verfolgenden klein machten. So zum Beispiel wurde uns Jungen gelehrt, hinter jedem Christen, wie Sie schon erwähnten, an dem wir vorbeikamen, auszuspucken und einen Fluch zu sprechen. Allerdings wurden diese Aufforderungen nur sehr selten befolgt, und zwar eher im christlichen Mittelalter als in neuerer Zeit. Ich bedaure, dass solche Irrlehren den Eingang in den Talmud gefunden haben, und ich hoffe, dass Gott uns vergeben wird. Der das jüdische Volk aufbauende Talmud war reiner Selbstschutz. Er sollte die jüdischen Gemeinden zusammenschweißen und sie stark machen gegen die Angriffe von außen.

Pastor: Ja, jetzt begreife ich. Aber warum haben sie den Herren, unseren Jesus Christus, nicht anerkannt? Er war doch selbst ein Jude?

Rabbi: Ja, warum? Für mich sind Jesus und Moses die beiden größten Juden. Joshua ben Miriam, wie wir Jesus nennen, war ein Reformator, der auch das in seinen Gesetzen erstarrte Judentum angriff. Der oberste Rat wehrte sich, denn mit der Einführung eines neuen Glaubens hätten sie auch ihre Macht verloren. Und sie setzten alles daran, um Joshua umbringen zu lassen, was ihnen auch dann gelungen ist. Dennoch hatten sich Tausende von Juden, die seine Lehren hörten, dem neuen Glauben zugewandt.

Pastor: Ja, selbst Paulus, der Verbreiter des Christentums, war Jude. Den Juden haben wir das Christentum...

Rabbi: ... und auch den Sabbat zu verdanken.

Pastor: Auch wenn wir den siebten Wochentag auf den Sonntag verlegt haben. Aber ohne das Alte Testament, das ihr die Tora nennt, gäbe es keinen Feiertag in der Woche. Sehen Sie, hier in diesem Lazarett ist alles ebenso sauber wie im städtischen Krankenhaus.

Rabbi: Nun, sie befinden sich ja auch im Lazarett für die Gehobenen, wo sich sogar Häftlingskrankenschwestern um die Kranken kümmern dürfen.

Pastor: Warum sind diese so blass und dünn?

Rabbi: Nun, in ihrem Frauenlager gibt es nur am Morgen eine Tasse Kaffeeersatz und etwas Brot, und mittags und abends jeweils nur eine Kelle voll Wassersuppe.

Pastor: Was? Das kann doch nicht wahr sein? Ein Standartenführer hat mir doch im Deutschen Haus, oben in der Stadt, erklärt, dass die Häftlinge im Konzentrationslager gut für ihre Arbeit mit reichhaltigem Essen honoriert und anständig behandelt werden. Und wie steht es um die Hygiene?

Rabbi: Manche haben ihre wenigen Kleidungstücke schon seit Monaten nicht wechseln können.

Pastor: Die müssen ja entsetzlich stinken. Gibt es kein Wasser?

Rabbi: Im Sommer ist das Wasser rationiert. Man hat noch nicht einmal genug zum Trinken. Auf den primitiven Aborten darf man sich nur zwei Minuten aufhalten. Wer diese Zeit überzieht, wird von einem Aufpasser geschlagen. Papier zum Abwischen des Pos gibt es nicht. Man schläft auf Papierstrohsäcken oder bloßem Stroh, solange davon noch etwas vorhanden ist. Doch viele schlafen auf dem nackten Erdboden ohne Kopfkissen und oft ohne Decke, und das auch im Winter.

Pastor: Unerhört!

Rabbi: Und außer Krankheiten wie Typhus, Lungenentzündungen, Krätze und Durchfall...

Pastor: Das muss ja dann in den Baracken furchtbar stinken, wenn sie kein Toilettenpapier oder kein Wasser haben, um sich zu reinigen.

Rabbi: ... sind die Läuse und die Flöhe die entsetzlichste Plage, gegen die es hier kein Mittel gibt.

Pastor: Aber das sind ja Zustände wie... Ich finde keine Worte. Aber man hat mir doch versichert, dass alle hier gut verpflegt und versorgt sind.

Rabbi: Das ganze deutsche Volk wird wie Sie belogen über das, was wirklich geschieht. Täglich sterben im Lager etwa 200 Häftlinge allein an Unterernährung oder Krankheit, von denen, die sich aufhängen, in den elektrischen Zaun rennen oder erschossen werden, ganz zu schweigen.

Pastor: Erschossen werden? Heißt das, dass da Leute erschossen werden?

Rabbi: Ja. Etwa 20 bis 50 Häftlinge aus dem Frauen- und aus dem Männerlager werden wohl täglich erschossen oder zu Tode geprügelt.

Pastor: Das kann doch nicht wahr sein?

Rabbi: Und bis vor kurzem hat man noch Neuangekommene, vor allem Arbeitsunfähige, wie Kinder und Alte, gleich vergast, nachdem man sie im sogenannten Rosengarten absonderte.

Pastor: Entsetzlich! Ich habe so etwas munkeln hören. Aber ich habe es nicht geglaubt. Man sagte doch, dass auch die Kinder ihr eigenes Revier hätten und von ihren Müttern und Pflegerinnen gut versorgt würden.

Rabbi: Die Kinderbaracken sind schon aufgelöst worden. Man hat sie auf Befehl der deutschen Kommandantur auf Lastwagen zu den Gaskammern gefahren.

Pastor: Das kann ich nicht glauben. Das ist ja haarsträubend. Wenn ich wieder gesund bin, werde ich zum neuen Lagerkommandanten gehen und ihn fragen, ob das alles stimmt. Ich kann mir nicht vorstellen, dass Deutsche so etwas tun.

Rabbi: Man wird Sie nur belügen und sagen, dass die Information, die ich Ihnen gegeben habe, nicht stimmen. Und sagen Sie nicht, dass sie diese von mir haben, sonst wird man mich entfernen. Haben Sie eigentlich von Treblinka, Sobibor, Belzec, Kulmhof, das die Polen Chelmno nennen, oder gar von Auschwitz etwas vernommen?

Pastor: Ja, von Treblinka. Dort ist ein großes Arbeitslager, wo man für jeden eine Arbeit findet. Und dann später, nachdem wir den Raum im Osten für uns siegreich erobert haben, wird man den Juden in der Ukraine weite Flächen zur Verfügung stellen, wo sie sich niederlassen können und gemäß ihres Glaubens friedlich leben können.

Rabbi: Wollen Sie, der die Christus-Lehre der Nächstenliebe verbreitet, wirklich wissen, was mit den Juden eigentlich geschieht?

Pastor: Eigentlich nicht. Ich habe das Gerücht vernommen, dass man sie vernichtet. Aber das stimmt nicht. Ich habe mich doch bei den SS-Offizieren im Deutschen Haus erkundigt. Und sie versicherten mir, dass den Juden nichts Böses geschehe, benötige man sie doch für die wichtige Kriegsindustrie.

Pastor: Haben Sie von den großen Deportationen nach und vor allem vor dem Warschauer Aufstand gehört?

Pastor: Sicherlich habe ich davon gehört.

Rabbi: Wissen Sie, dass allein aus dem Warschauer Ghetto etwa 300.000 Menschen jeglichen Alters vergast worden sind?

Pastor: Was? Das kann ich nicht glauben.

Rabbi: Von den dort im überbevölkerten Ghetto von fast einer halben Million Juden sollen nach dem Aufstand nur etwa 20.000 überlebt haben. Viele sind vor dem Aufstand verhungert, haben sich erhängt oder sind nach Treblinka transportiert worden. Einige von ihnen sind auch hier in unserem Lager gelandet und haben uns alles detailgetreu berichtet.

Pastor: Wir erfahren ja nur aus deutschen Zeitungen und Radioberichten die parteigetreue Berichterstattung. Sie stellen die Dinge ganz anders dar.

Rabbi: Wissen Sie, dass Hitler allen Juden Europas den Tod angekündigt hat und diese Drohung wahrhaftig ausführen lässt, indem sogar Transporte aus Griechenland, Slowakei, Frankreich, Holland, Ungarn und von anderswo in die Todeslager zur Vergasung gelangen?

Pastor: Wirklich?

Rabbi: Und wollen Sie wissen, warum Hitler so leicht den Antisemitismus in Deutschland propagieren konnte?

Pastor: Ja.

Rabbi: Weil die Grundlagen dafür von den Kirchen gelegt worden sind, und zwar auch von Ihrer Evangelischen Kirche, da ihr Gründer Martin Luther ein ausgesprochener Judenhasser war.

Pastor: Bitte reden Sie nicht so über unseren Glaubensgründer. Er war ein makelloser Mann, der Gottes Wort nicht nur ins Deutsche übersetzte, sondern auch die Liebe und Gnade Jesu immer in den Vordergrund stellte. Ein überzeugter Anhänger Christi kann einfach nicht hassen. Ich weiß zwar, dass Martinus Luther die Juden nicht mochte. Aber er respektierte sie doch als die Begründer des Monotheismus.

Rabbi: Wissen Sie eigentlich, dass Luther eine Mitschuld an dem deutschen Antisemitismus trägt, der es dem Hitler leicht machte, die Juden auszurotten?

Pastor: Inwiefern trägt er Mitschuld?

Rabbi: Er berief sich sogar auf Christus, dass alle Juden giftige, bittere und rachsüchtige Schlangen sowie Meuchelmörder und Teufelskinder seien, deren Schriften man alle vernichten müsse, deren Häuser man niederreißen solle, deren Synagogen als Lehrhaus der Lügen man niederzubrennen habe und den Rabbinern das Lehren verbieten müsse. Die Juden, so folgerte er, sollten sich zu Christus bekennen, ansonsten sie unter den Christen nicht geduldet werden dürften. Weiterhin hat er empfohlen, dass man ihnen alle Barschaft und alles Gold und Silber nehmen solle und dass man sie wie tolle Hunde vertreiben möge.

Pastor: Das soll er wirklich gesagt haben?

Rabbi: Und die Nazis haben alles, was Luther empfahl, ausgeführt. Sie haben die Synagogen niedergebrannt, ihre Häuser zum Beispiel im Ghetto von Warschau und anderswo zerstört, sie haben ihnen alle Barschaft und Wertgegenstände genommen und haben sie zuerst zu verjagen unternommen und dann alle übrigen ermordet, eben auch unter anderem umgebracht wie tolle Hunde. Und diesem Doktor Martinus halten Sie immer noch die Treue und verbreiten seinen christlichen – ich würde lieber sagen – unchristlichen Glauben? Er hat Christus verraten!

Pastor *beginnt zu weinen*: Was für eine Sünde haben wir uns aufgeladen. Wir Christen haben uns mitschuldig gemacht an der Verfolgung und Ausrottung der Juden.

Rabbi: Und die katholische Kirche ist nicht weniger sündhaft gewesen. Sie hatte die Juden schon seit Jahrhunderten als Christusmörder hingestellt, hatte schon im 13. Jahrhundert ihnen den gelben Juden-fleck zu tragen angeordnet, hatte die Ghettos gegründet und ihnen, wenn irgendeine Pest ausbrach, die alleinige Schuld gegeben. Somit wurden sie verfolgt, vertrieben und oft auch vom aufgebrachten Mob niedergemetzelt. Und was haben Sie persönlich sich von der Kanzel in Bezug auf Juden zu predigen erlaubt?

Pastor *heftiger schluchzend*: Ich war ganz oder doch teilweise von der Naziideologie eingenommen. Ja, ich glaubte an Adolf Hitler. Ja, ich habe von der Kanzel gepredigt, dass die Juden unsere inneren Feinde sind, die man kontrollieren müsse, da sie ja mit dem westlichen und dem östlichen Feind, mit dem Kapitalismus und dem Kommunismus, zusammenarbeiteten, um das deutsche Volk und seine Kultur zu ver-nichten. Ich habe auch gepredigt, dass die Juden den Krieg angezettelt hätten. Ich sagte den Leuten manches Mal auch privatim, da sie eine Antwort hinsichtlich der Juden von mir als Vertreter der Evangeli-schen Kirche haben wollten, dass das Judentum das Deutschtum zu vernichten sich vorgenommen habe, dass sie einen falschen Glauben hätten, da sie störrischerweise nicht Christus als den einzigen Erret-ter anerkennen würden, und meinte auch, dass Hitler gut daran täte, sie von der Christenheit abzusondern.

Rabbi: Wissen Sie, dass Sie indirekt dazu beigetragen haben, die Ju-den zu ermorden?

Pastor: Ja, ich bekenne jetzt meine indirekte Mitschuld. Ich hätte wirklich im Geiste Christi zu der Gemeinde sprechen sollen und nicht im Geiste Martin Luthers. Auch ich habe Christus verraten.

Rabbi: Wissen Sie, dass nach dem verlorenen Krieg, der sich nun als solcher schon immer mehr abzeichnet, alle Schandtaten der Nazis ans Licht kommen und Deutschland von der ganzen Welt verabscheut werden wird? Und Sie haben indirekt dazu beigetragen.

Pastor *schluchzend*: Wie kann ich meine Verfehlungen wieder gutma-chen? Wird mir Gott verzeihen? Wie kann ich Vergebung erlangen?

Rabbi: Wenn man aus tiefstem Herzen bereut, dann kann einem ver-geben werden.

Pastor: Ja, ich bereue aus tiefstem Herzen alle meine Versündigungen am jüdischen Volk. *Er beginnt, immer heftiger zu weinen.*

Rabbi *nimmt ihn in den Arm*: Ich weiß, dass Ihnen der Herr jetzt vergeben hat. Denn sagte er nicht auch zu einem Sünder, der tiefste Reue empfand: „Deine Sünden sind dir vergeben"? Ja, auf die Bedeutung der Vergebung hat er mannigfach hingewiesen.

Er erhebt sich.

Rabbi: Und wie geht es Ihren Schmerzen?

Pastor: Die sind weg.

Rabbi: Sie können heute noch entlassen werden. Sie sind geheilt. Sei Ihr Weg und ihr Tun von nun ab gesegnet und der wirklichen Christusliebe geweiht.

Er verlässt das Lazarett.

20. Szene

Moshe: Bitte, Chaim, berichte uns nun von dem Aufstand in Treblinka und auch darüber, wie du es geschafft hast, davonzukommen, bis du hier wieder eingeliefert wurdest.

Chaim: Wir wussten alle, dass aus Treblinka kein Jude lebend herauskommen würde. Denn selbst jene, die in Kommandos arbeiteten, wurden immer wieder selektiert und erschossen, wenn sie nicht schon von einem der Mörder vorher umgebracht worden waren oder sich selbst getötet hatten. Im Januar dieses Jahres kamen fast täglich wieder einige Ausgesuchte vom Lager I zu uns ins Lager II. Unter ihnen war auch ein jüdischer Offizier der tschechischen Armee namens Adolf. Wir freundeten uns an. Er berichtete, dass im Lager I einige Häftlinge einen Aufstand planen. Die Schlosser haben erreicht, heimlich einen Zweitschlüssel für das Waffenlager anzufertigen. Denn obwohl mit dem Lager I und Lager II keine Verbindungsmöglichkeiten bestanden, mussten wir doch oft von den Gaskammern aus in den

Schlauch gehen, um dort alle Spuren von Blut zu reinigen, beziehungsweise Sand darüber zu streuen. So trafen wir manches Mal auch einige des Kommandos der Gegenseite, sodass wir ein paar Sätze austauschen konnten, wenn einer der Mörder gerade mit dem Verprügeln eines Gefangenen beschäftigt war. Die von drüben wollten wissen, was bei uns passierte, und wir wollten andere Neuigkeiten erfahren, da sie erst vor kurzem hierher transportiert worden waren und uns oft über Informationen vom Verlauf des Krieges mitteilen konnten. Denn wir warteten ja sehnsüchtig darauf, dass die Sowjetarmee die Deutschen besiegen und uns befreien würde. Manches Mal zeigten die SS-ler eine wohlgefällige Seite. So wollten sie sich den Spaß erlauben, an unserem Pessachfest dabei zu sein. Auf ihre Nachfrage hin bekamen wir Wein und Mehl, um unsere Matze herzustellen. Am Abend erschienen diese mit gefälliger Miene, die wir sonst mit herrischem Anschreien, Stock- und Peitschenhieben und anderen gefährlichsten Unberechenbarkeiten her kannten. Wir hatten unter den Unsrigen einen Kantor, der zugleich Vorbeter war. Er verteilte die Matze, und auch einige SS-Herren kosteten davon. Für sie war es eine ergötzliche Komödie. Denn schon am nächsten Tag könnten sie anordnen, uns alle umzubringen. Es war wirklich eine groteske Nacht, denn während wir feierten, lösten sich einige Hundert Leichen in Rauch auf. Und ihr süßlicher Gestank drang in unsere Baracke. Aber daran hatten wir uns schon gewöhnt. Und dann hatten wir abgesprochen, in den ersten Maitagen mit dem Aufstand zu beginnen. Die meisten von uns waren eingeweiht. Jedem kam eine Aufgabe zu. Sobald im Lager I die Signalschüsse fallen sollten, hatten die Unsrigen im Lager II einige der Aufseher zu ermorden und ihnen die Waffen zu entwenden. Aber leider wurde dieser Plan vereitelt. Denn es kam kurz vor dem verabredeten Beginn des Aufstandes ein Transport in Begleitung einer ganzen Reihe von neuen SS-Männern und Trawnikis. Die Waffen, die schon aus dem Waffenlager entwendet worden waren, wurden heimlich zurückgebracht. Gott sei Dank hatte keiner der Aufseher etwas bemerkt. Es wäre unser aller Tod gewesen.

Hersch: Habt ihr ein Glück gehabt. Aber im August ist es dennoch zum geglückten Aufstand gekommen. Berichte weiter.

Chaim: Der Sommer war unerträglich heiß. Und die Luft stank zum Erbrechen von dem Leichengeruch. Immer mehr von unseren Eingeweihten wurden zum Tod selektiert oder kippten vor Erschöpfung um und wurden auf der Stelle erschossen. Immer wieder wurden wir gefragt, wann denn endlich der geplante Aufstand losgehen solle. Wir waren ungeduldig. Und die Zeit schien sich nicht zu bewegen. Dann endlich erhielten wir vom Lager I die Nachricht, dass der Aufstand für den zweiten August um halb vier geplant war. Wir waren an diesem Tag alle aufgeregt und flüsterten uns zu: „Heute! Heute!" Kurz vor der abgemachten Zeit hatten einige von uns zu den Wachmannschaften, die von den Wachtürmen herab alles beobachteten, zu gehen und ihnen von unten zuzurufen, sie hätten etwas Gold für sie in den Kleidungsstücken der Ermordeten gefunden. Das passierte natürlich manchmal, dass wir für solche heimlich entwendeten Objekte im Austausch von den Wachmannschaften etwas zu essen bekamen. Diese Trawnikis kamen nun herunter. Und genau, nachdem die zwei Schüsse aus Lager I abgegeben worden waren, schnitten die Unsrigen ihnen mit den heimlich mitgenommen Messern die Kehle durch und nahmen deren Waffen an sich. Ähnliches geschah mit unseren peitschenden Aufpassern, sodass auf einmal einige Dutzend von ihnen mit durchschnittener Kehle dalagen. Wir schrieen: „Revolution! Revolution!" Einige der Trawnikis ließen bei vorgehaltener Pistole ihre Waffe fallen. Diese leisteten uns jetzt weiterhin beste Dienste. Mit einer besonders großen Zange durchtrennten wir die Stacheldrähte. Durch den nun geöffneten Zaun strömten Hunderte von uns in die Freiheit. Wir hörten hinter uns die Maschinengewehre der SS. Wir liefen, so schnell wir konnten, in den nächsten Wald. Dort umarmten wir uns, küssten uns und riefen: „Wir sind frei!" Und schon hörten wir die Wagen der uns verfolgenden Mörder. Wir teilten uns in kleinere Gruppen auf, sodass wir dann bessere Möglichkeiten hatten, davonzukommen. Gott sei Dank wurde es dunkel. Und wir marschierten drauf los, obwohl wir vor Hunger hätten umfallen können. Ich, wie auch einige andere, hatten schon Wochen vorher in den großen Kleiderhaufen beim Suchen nach versteckten Wertsachen und Geld einige Tausend Złoty gefunden und versteckt, über die wir nun verfügten. Als wir es nun nach drei Tagen wagten, uns vor Hunger einem Bauernhof zu nähern, hatten diese Leute Angst, denn es bestand Todesstrafe darauf, Häftlinge zu verstecken oder ihnen zu helfen. Sie sagten, dass man überall nach uns suche und öfter schon SS vorgefahren sei und bei ihnen nachgefragt hätte. Wir, um nicht von den ängstlichen Bauern verraten zu werden, gruben nun auf den Feldern Kartoffeln und Rote Beete aus. Wir haben uns wieder getrennt, um nicht als Gruppe aufzufallen. Irgendwann bin ich glücklich in Warschau gelandet. Ich besuchte einen nach dort gezogenen Schulfreund aus Lodz, einen Goj. Er gab mir zu essen. Er besaß noch die Papiere seines an Lungenentzündung verstorbenen Bruders, dessen Identität ich nun anzunehmen hatte. Wir beide versuchten, mit der Widerstandsgruppe in Verbindung zu kommen. Als wir zu der angegebenen Adresse in dem nun in einigen Stadtteilen nahezu völlig durch Bomben und Artilleriebeschuss zerstörten Warschau ankamen, wurden wir von der polnischen Polizei verhaftet. Sie übergaben uns der deutschen Sicherheitspolizei, die uns verhörte. Wir wurden geschlagen, trotzdem wir immer wieder versicherten, dass wir mit der Widerstandsgruppe nichts zu tun hätten und keinem von dieser begegnet seien. Meinen Freund ließen sie laufen. Mich aber schickten sie hierher.

Moshe: Hat etwa der Rabbi dich auch unsichtbar begleitet und beschützt?

Chaim: Jetzt erscheint mir alles möglich. Denn wie sonst sollte ich bisher überlebt haben?

Perec: Dein bisheriges Überleben war, wie das meine, eine Kette von Zufällen.

Chaim: Der Rabbi hatte uns ja einmal erklärt, dass es keine Zufälle gebe. Ja, ich habe jetzt große Hoffnung, dass ich wirklich die Höllen, die wir durchmachen mussten, überlebe und in dem zu gründenden Israel ein neues Leben beginnen werde.

Moshe: Und auch eine Familie haben.

Chaim: Doch wenn mich zufällig hier im Lager ein aus Treblinka überstellter SS-Mann oder Trawniki erkennen sollte, dann wird mir auch der Rabbi nicht helfen können.

Moshe: Wir haben auch im Block mit anderen unseres Glaubens oft darüber gerätselt, warum unserem Volk dieses grauenvolle Schicksal der gesamten Ausrottung begegnet.

Perec: Und was war deren Meinung?

Moshe: Einige meinten, dass wir bestraft werden, weil wir nicht alle Mizvots, die 613 Gebote und Verbote, eingehalten haben. Denn wir haben uns vom Glauben unserer Väter immer mehr entfernt, indem wir nur noch wenige Gebote einhielten oder sie ganz vergaßen und wie die Gojim lebten.

Chaim: Ja, das elfte Gebot des Glaubenskanons nach Maimonides, das wir oft in der Synagoge beteten, lautet: „Ich glaube mit voller Überzeugung, dass der Schöpfer – gelobt sei Sein Name – Gutes erweist denen, die Seine Gebote beachten, und diejenigen bestraft, die Seine Gebote übertreten." Ich konnte einfach nicht annehmen, dass der Schöpfer so harte Strafen über uns verhängen sollte, wenn wir nicht alle Seine Gebote einhalten würden. Und zugleich sollen wir Ihn lieben und fürchten. Wie kann man lieben, wenn man fürchten muss? In Vielen ließ dieser Widerspruch Zweifel aufkommen.

Perec: Und viele wurden gar von unserem Glauben abtrünnig und konvertierten.

Chaim: Oder wurden Atheisten, die den Glauben an einen Gott ganz abstritten.

Hersch: Auch ich habe mir viele Gedanken gemacht. Auch unser Volk hatte während der Zeit unserer Könige über andere Völker auf Befehl Gottes, der durch Propheten sprach, den Bann gesprochen, das heißt, sie gänzlich ausgerottet.

Perec: Ich habe ebenfalls über diese Stelle oft nachgedacht. Zum Beispiel wurde König Saul der Gottesbefehl vermittelt, das Volk der Amalikiter auszurotten, sodass selbst keine Frau und kein Kind überleben durften.

Chaim: Und auch deren Vieh sollte getötet werden, damit nichts mehr von diesem Volk und seinem Besitz übrig blieb.

Perec: Und Saul ließ das ganze besiegte Volk abschlachten. Er verschonte aber deren König, da er mit ihm wohl freundschaftlich verbunden war.

Chaim: Und Saul und seine Krieger suchten für sich die besten Rinder aus, um sie ihren Ställen zuzuführen.

Perec: Und deshalb, weil er Gottes Gebot nicht erfüllt hatte, wurde er von Ihm bestraft, indem Er ihm die Thronfolge auf seinen Sohn entzog und diese Seinem Liebling David übergab.

Moshe: Und dieser Liebling Gottes, dem wir die Psalmen zu verdanken haben, ließ in der Schlacht seinen Heerführer töten, da er dessen Frau Batseba für sich begehrte, obwohl er schon genug andere Weiber sein Eigen nannte.

Perec: Und dieser Liebling Gottes ließ die Leichen der in seinen siegreichen Schlachten Ermordeten in Ziegelöfen verbrennen, genauso, wie unsere Leichen in den Ziegelöfen des Krematoriums verbrannt werden.

Moshe: Ich habe schon lange daran gezweifelt, dass es einen Gott gibt. Und wenn es ihn gäbe und wir sein Auserwähltes Volk sein sollten, dann hat er uns im Stich gelassen und uns verraten.

Chaim: Moshe, jetzt versündigst du dich vor Ihm. Du musst wissen, dass Er der Einzige ist, denn Er ist der Anfang und das Ende.

Moshe: Ja, vielleicht ist jetzt das Ende gekommen.

Perec: Nein, dieser Krieg gegen uns ist im Talmud angekündigt. Es sind die Chewlej-Maschiach, die Wehen des Messias, die seinem Kommen vorausgehen. Viele von uns werden sterben. Aber dann, wenn er auch säumt, wird er kommen und uns in das Gelobte Land führen. Davon bin ich fest überzeugt.

Moshe: Hitler wird ganz klar diesen von ihm iniziierten Krieg verlieren. Er kann nicht gegen die ganze Welt kämpfen, dazu fehlen ihm die für einen solchen Kampf notwendigen Rohstoffe wie Öl und Eisen, über die aber die Alliierten verfügen. Den Luftkampf hat er schon verloren. Damit ist sein Ende vorgezeichnet.

Hersch: Ich glaube, dass Gott uns testet. Er will herausfinden, ob wir unsere Instinkte im Zaume halten können und den Rachesatan in uns zu besiegen vermögen. Wir dürfen nicht verzweifeln. Auch wenn Er uns unbarmherzig bestraft, ist das ein Zeichen dafür, dass Er uns umso mehr liebt. Denn nach dem Tod, wie uns der Heilerrabbi wiederholt versicherte, dürfen wir bei Ihm wohnen. „Geheiligt sei Dein Name in alle Ewigkeit."

Chaim und Perec haben in diesen Segensspruch eingestimmt.

Moshe: Wie könnt ihr Ihn preisen? Wie könnte ich sagen: Geheiligt sei Dein Name? Er, der alles regiert, warum lässt Er unschuldige Kinder vergasen? Denn jedes Kind wird unschuldig geboren...

Chaim: ... aber es bringt die Sünden aus früheren Leben mit.

Moshe: Solch ein Unsinn! Der Rabbi hat euch anscheinend all das eingeredet. Jedes Leben ist einmalig.

Perec: Nein, nicht der Rabbi hat uns das alles beigebracht. Es ist unser überlieferter Glaube, der vom Bescht aufgrund der Kabbala neu gefestigt wurde.

Perec: Gott will uns testen, dass wir auch in der größten Heimsuchung an Ihm nie zweifeln. Aus diesem Grund allein müssen wir die schwersten Verfolgungen auf uns nehmen.

Moshe: Dieser Gott, wenn es ihn gibt, ist ein Sadist. Und als das angeblich Auserwählte Volk schickt er uns durch die Hölle, in der uns die Teufel ständig bis zum Tode hin quälen. Seid ihr eigentlich verrückt, ihn auch noch zu loben und zu rechtfertigen? In dem Spiel gegen den Oberteufel Hitler hat er, wenn es ihn geben sollte, erbärmlich versagt, wie er auch in der gesamten Geschichte unseres Volkes zumindest ab der ersten Tempelzerstörung versagt hat, als er uns überall verfolgen, martern und hinrichten ließ und uns darüber hinaus auch noch dem Gespött der Gojim preisgab. Ist das ein liebender Gott? Nein! Und 1.000-mal nein!

Alle verstummen.

Chaim: Kennt ihr das Gebet des Rabbi Nachman, das da heißt: Das Licht in der Dunkelheit erblicken?

Perec: Ich kenne es.

Chaim: Nun hört: Gott, in Deiner unermesslichen Güte – die Qualen der Menschen in ihrer Geschichte beschweren meine Seele, ihre Asche, ihr Blut, ihre Schreie durchdringen mein Herz, und die teuflischen Taten der Verfolger belasten mein Denken gewähre mir ein besonders großes Maß an Stärke, an Verstehen und Glauben, die mir helfen, Dich zu finden – Dein Licht zu finden inmitten des uns erblindenden Grauens, das durch die widerlichen Schecken erzeugt wird.

21. Szene

Am folgenden Abend:

Chaim: Mir kommt so eine Idee.

Perec: Was?

Chaim: Ich habe den Verdacht, dass der Rabbi die Wiedergeburt des Bescht ist.

Hersch: Du meinst jenen Wunderrabbi aus Medzhibizh mit dem Ehrennamen Ba'al Schem Tov?

Chaim: Jawohl, genau den, der mit seinem Geburtsnamen Israel Ben Elieser hieß. Ja, und unserem Rabbi ist ebenfalls wie ihm die Gabe gegeben, frühere Leben bei anderen zu sehen. Ich erinnere mich über den Bescht gelesen zu haben, dass er über einen Ermordeten sagte, dass dieser nun seinen gerechten Ausgleich bekommen habe, da er in einem frühern Leben gemordet hatte.

Hersch: Ja, stimmt. Und hat der Bescht nicht vor seinem Tod gesagt, dass er unserem Volk immer beistehen werde?

Chaim: Und er sagte noch vor seinem Tod, dass er wiederkomme, wenn der Messias noch nicht erschienen sei.

Perec: Und er kündigte an, wenn seine beiden Wanduhren stehen blieben, würde er durch die eine Tür hinausgehen und sogleich durch die andere Tür hineingehen. Und als er nach dem Zitieren des neunzigsten Psalms den letzten Atemzug getan hatte, blieben tatsächlich beide Uhren stehen.

Moshe: Ich bin zwar kein Chassid. Aber natürlich hat mein Großvater mir von dessen Wundertaten erzählt. Er lebte doch, wenn ich mich nicht irre, vor ungefähr 200 Jahren im Westen der heutigen Ukraine?

Perec: Ja. Er konnte sich doch wie der Ari oder der Rabbi von Karlin an frühere Leben erinnern. Und er behauptete, die Wiedergeburt von Sa' adja Ga'on gewesen zu sein, der etwa genau vor 1.000 Jahren verstorben war...

Chaim: ... nachdem er die Thora ins Arabische übersetzt hatte

Perec: Warum sollte er dann nicht jetzt auch wiedergeboren sein?

Hersch: Aber vielleicht ist er ja auch sein Urenkel, der berühmte Rabbi Nachman von Bratslav, der am Grab des Bescht mit ihm gesprochen haben soll.

Chaim: Nein, der konnte keine Toten erwecken. Aber unser Wunderrabbi hat, wie wir alle vernommen oder sogar gesehen haben, schon Tote im Lazarett und auch schon am Boden liegende Erschlagene wieder zum Leben zurückgebracht, genau wie damals in der Ukraine.

Moshe: Das stimmt. Als der Laurich einen Häftling blutig niederschlug und dieser keinen Ton mehr von sich gab und auf Befehl von Groffmann weggetragen wurde, kamen die Leichenträger am Rabbi vorbei. Der forderte sie auf, ihn hinzulegen. Dann, wie ich sehen konnte, glitt er mit seinen Händen über dessen Körper und sprach anscheinend mit dem Toten oder vielmehr betete er. Und plötzlich regte sich dieser Totgeglaubte und erhob sich, wischte sich das Blut vom Kopf und ging zu seinem Block zurück, als ob nichts vorgefallen wäre.

Perec: Auch ich bin mir ganz sicher, dass er der wiedererstandene Bescht ist. Er sieht wie jener die Zukunft voraus. Erinnert ihr euch an die überlieferte Geschichte, als er einer Mutter bei der Geburt ihres Sohnes sagte, dass er nach der Bar Mitzwa im Fluss ertrinken wird? Und so geschah es.

Chaim: Ich erzählte unserem Rabbi einen Traum, den ich gehabt hatte. Ich sah mich als einen reichen Griechen, der seinen faulen Sklaven kräftig schlug und trat, weil er nicht genug arbeitete. Er jammerte, er hätte Kopfschmerzen. Ich war wütend über mich selbst mehr als über ihn, hatte ich doch für ihn wegen seiner Körpergröße viel zu viel Geld ausgegeben. Und ich fragte unseren Rabbi, ob dieser Traum mit einem meiner früheren Leben zusammenhängen könnte. Und er antwortete: „Deine Verfehlung aus jenem Leben gleichst du mit deinem Tikkun im heutigen."

Hersch: Ihr kennt sicherlich auch jenen überlieferten Bericht, als er einen Vatermörder zur Rede stellte.

Chaim: Nein. Erzähl.

Hersch: Der Bescht sprach einmal einen Passanten an und sagte ihm auf dem Kopf zu, dass er heute eine große Sünde begangen habe. Doch der Angesprochene war entrüstet, wie er so etwas behaupten könne. Und der Rebbe fragte ihn, warum er seinen Vater heute erschlagen habe. Jetzt war jener verblüfft und gab seine Tat zu. Als Buße, so legte der Bescht ihm auf, solle er zweimal pro Woche fasten, sonst werde er innerhalb eines Jahres sterben. Und der Vatermörder hielt sich vorerst an diese Bußübung, ließ aber nach einigen Monaten von ihr ab. Und genau nach einem Jahr war er tot. Solche und ähnliche Geschichten über den Ba'al Schem Tow hat uns Kindern ebenfalls der Großvater erzählt.

Perec: Auch soll er die Toten gesehen und mit ihnen gesprochen haben.

Chaim: Er konnte auch die bösen Geister aus den von ihnen Besessenen austreiben.

Hersch: Was hat nicht unserer Heilerrabbi uns auf dem Feld III oder hier im Lazarett alles erzählt. Immer wenn ich ihn sehe oder er zu uns kommt, fühle ich mich im Herzen gut und vergesse für einige Augenblicke mein Leid. Er hat uns schon viel beigebracht.

Moshe: Zum Beispiel – was?

Hersch: Von jedem Menschen sollen wir lernen, denn der andere ist uns ein Spiegel. Wenn wir im Spiegel einen Fehler sehen, dann ist es unser eigener.

Moshe: Dass ich nicht lache! Diese Schurken mit ihrem Verbrecherantlitz sollen mein eigener Spiegel sein?

Chaim: Vielleicht warst du auch einmal solch ein Verbrecher. Wer weiß?

Moshe: Ihr mit eurem Reinkarnationsgedanken. Da hat euch der Rabbi wieder den Kopf verdreht. Ich soll ein Verbrecher gewesen sein? Niemals! – In der Tora steht auch nichts über die Seelenwanderung. Wenn das die von Gott uns verkündete Wahrheit sein soll, dann müsste doch auch der Reinkarnationsgedanke dort zu finden sein. Aber nichts dergleichen.

Hersch: Auch darin hat uns unser Rabbi die Augen geöffnet. Denn es steht geschrieben, dass man bis ins dritte oder vierte Glied verflucht sei, wenn man gegen Gottes Gebote verstoße. Und die beiden höchsten nach dem ersten Gebot, das man Gott lieben soll, sind: Du sollst nicht töten, und das nächste: Du sollst deinen Nächsten lieben wie dich selbst. Wer gegen eines der beiden Gesetze verstößt, muss zurück zur Erde, um das am eigenen Leib und in der Seele zu spüren, was er einst dem anderen aus Lieblosigkeit angetan hat.

Chaim: Und da wir Juden meist in derselben Familie wiederkehren, sind wir unsere eigenen Enkel oder Urenkel, also das dritte oder vierte Glied. Verstehst du?

Perec: Und als Beispiel erläuterte er uns bei einem heimlichen Seder in unserem Pferdestall auf Feld III, dass viele Schmerzen, die wir im heutigen Leben mit uns tragen, eben als Relikte aus jenem Leben kommen, wo wir als jenes dritte oder vierte Glied das empfangen mussten, was wir vormals als der eigene Großvater oder Urgroßvater anderen angetan hatten. Unser Rabbi meinte auch, dass die Tora die ganze Wahrheit beinhaltet, wenn auch oft noch in verschlüsselter Form. Eines Tages wird man mehr und mehr entschlüsseln und erstaunt feststellen, dass auch schon die Zukunft darin angedeutet ist.

Chaim: Ja, in der Tora stehen viele Hinweise auf zukünftiges Geschehen. Und der Rabbi meinte auch, dass die gegenwärtige Shoa, die große Heimsuchung, schon von Gott angekündigt worden war.

Hersch: Gott hatte ja unserem Volk angedroht, wenn wir nicht seine Gebote hielten, würde Er uns aus dem gelobten Land vertreiben und uns unter alle Völker zerstreuen von einem Ende der Welt bis ans andere. Und wir würden dort keine Ruhe finden, sondern Tag und Nacht uns fürchten müssen und unseres Lebens nicht sicher sein.

Perec: Und im Debarim, dem 5. Buch Mose, sagt Er auch, dass Er uns bestrafen werde mit Pestilenz.

Moshe: Ja, wir haben selbst hier im Lager und auch in Ghettos den Typhus mit Schrecken erlebt, der wohl Hunderttausende Opfer forderte.

Perec: Dass Er uns heimsuchen wird mit Schrecken und Krankheit, sodass unsere Gesichter und Körper zerfallen.

Hersch: Ja, das ist genau eingetroffen. Jeder hier im Lager wie auch in anderen Straflagern und Ghettos ist vor Hunger ausgemergelt wie ein herumlaufendes dürres Gespenst.

Chaim: Und unsere Gesichter sind zerfallen. Familienmitglieder, wenn sie denn noch leben sollten, würden kaum einen wiedererkennen.

Chaim: Doch wenn wir uns in Reue Ihm wieder zuwenden würden, wird Er uns in das Land unserer Väter zurückbringen.

Hersch: Und unser Heilerrabbi erklärte uns, dass mit dieser furchtbaren Heimsuchung an uns Juden das Vergeltungsgesetz beziehungsweise das Wiedergutmachungsgesetz als Tikkun Olam aufgelöst sei und Gott unsere Abtrünnigkeit von Ihm vergeben habe.

Perec: Aber ist das Tikkun Olam nicht der Prozess der Erlösung nicht nur für uns Juden, sondern auch für die ganze Menschheit?

Hersch: Der Heilerrabbi scheint es aber in einem größeren Zusammenhang zu sehen. Er prophezeite uns auch, dass drei Jahre nach dem für Hitler in zwei Jahren verlorenen Weltkrieg Theodor Herzls zionistischer Traum eines eigenen Staates in Erfüllung gehen würde, nämlich ein eigener Staat für die Juden in Palästina unter dem Namen Israel.

Moshe: Dann wären wir sozusagen die Märtyrer für ein wieder zu gründendes Israel? Wie kann er ein neues Israel voraussehen?

Perec: Der wiedergeborene Bescht vermag sowohl in frühere Leben zu blicken als auch die zukünftigen Dinge vorauszusagen.

Chaim: Er erklärte uns auch mit Verweis auf den Bescht, dass Gott die Schritte lenke und dass kein Mensch irgendwo hingehe, ohne von Ihm dorthin geführt zu werden.

Perec: Und somit hat Er uns auch hierher geführt.

Moshe: Das ist doch purer Blödsinn, den ihr erzählt. Allein Hitlers Judenhass ist für unser Schicksal maßgebend. Wäre dieser infernalische Erzhalunke nicht an die Macht gekommen, würden wir nicht ermordet werden.

Perec: Und wir würden keinen eigenen jüdischen Staat bekomen.

Moshe: Am Ende wollt ihr mir weismachen, dass Hitler der negative Messias sei, der uns ein neues Israel beschert. Schämt euch, so etwas Hirnverbranntes auch nur anzunehmen, geschweige es auszusprechen. Ich halte nicht viel von der Tora und schon gar nichts vom Talmud. Ich habe mir mein eigenes Weltbild zusammengelegt. Nur das, was nachgewiesen werden kann, ist für mich allein Realität. Alle sogenannten Heiligen Schriften bestehen auf Glaubensvorstellung und entbehren jeglicher sachlichen Überprüfung. Jetzt habe ich aber genug von eueren versponnen Ansichten. Ich dreh mich um und schlafe.

Hersch: Wisst ihr, was der große Rabbi Nachman gesagt hat?

Perec: Was?

Hersch: Eine Seele, wenn sie verstorben ist, weilt oft bei ihrer Beerdigungsfeier und lacht über die Trauergäste, die beklagen, dass er gestorben ist, und sagen, wie schön es gewesen wäre, wenn er noch ein Weilchen länger auf der Erde geblieben wäre.

Perec: Ja, unsere Weisen wie der Bescht und Rabbi Nachman verfügten wie unser Heilerrabbi über ein höheres Wissen. Vielleicht werden wir nach unserem Ableben aus einer schöneren Welt auch auf unser Leben zurückblicken und über manches lachen. Wenn wir doch jetzt schon Grund zum Lachen hätten.

Hersch: Ja, wenn wir doch jetzt schon wüssten, warum alles geschieht, dann würden wir alles leichter nehmen. Vieles erklärt uns ja der Rebbe.

Perec: Und er sagte, dass wir hauptsächlich deshalb leiden, weil wir über kein höheres Wissen verfügen. Aus einer jenseitigen, also aus einer höheren Perspektive sehen die Dinge ganz anders aus.

Hersch: Vielleicht schwebt er manchmal in jene höhere Welt und holt sich die Antworten von dort. Wir sollten uns noch mehr von seinem Wissen zuteilen lassen.

Chaim: Hört ihr, nebenan sprechen schon die Katholiken ihr Vaterunser. Wollen wir nun auch unser Kaddish beten?

22. Szene

Der Rabbi kommt in die Baracke 7 auf dem Feld III.

Itzak *ihn entdeckend und ihm entgegengehend*: Wie schön, Sie mal wieder bei uns zu sehen. Sie haben sich verändert. Ihr Bart ist gewachsen.

Rabbi: Ich soll dir Grüße von Ronia ausrichten.

Itzak: Ganz lieben Dank. Wie geht es meiner Geliebten?

Rabbi: Sie könnte zwar schon wieder gesund sein, aber sie möchte noch länger auf der Krankenstation bleiben.

Itzak: Ja, das soll sie. Denn die Brygida hatte sie wiederholt geschlagen. Jeder der SS und ihrer Schergen haben gewisse Leute aus unbestimmten Grund im Visier, die sie im besonderen Maße schlagen oder ihnen andere Schikanen zukommen lassen.

Rabbi: Aber alles hat einen für uns undurchsichtigen Grund.

Itzak: Sie sind wohl mit der einzige Häftling hier im Lager, der unbehindert und unbegleitet auf jedes Feld kommen darf und das wohl zu jeder Zeit.

Rabbi: Ja, es ist von Gott verfügt, dass ich unbehindert auch durch die Feldtore überall im Lager hingehen darf.

Itzak: Und Sie sind der Einzige, dem es erlaubt ist, einen Bart, einen schwarzen Kittel samt Hut tragen zu dürfen. Möchten Sie sich nicht zu uns setzen?

Rabbi: Ja, gerne. Beide setzen sich zu einer Gruppe auf den Boden

Itzak: Dies ist unser Wunderrabbi aus Medzhibizh. Einige kennen ihn auch schon. Dies sind meine neuen Freunde. Sie dem Rabbi vorstellend. Dies ist Jekel Luxemburg aus Zamorc der jeweils Vorgestellte verneigt sich mit einer Kopfverbeugung ... dies ist Szymon Maysel aus Riga, ... dies ist Szmuel Lewender aus dem Ghetto Przemsyl ... und dieser ist Schmelke Gutwein aus Lwow. Ich habe ihnen schon viel von Ihnen, verehrter Rebbe, erzählt. Rabbi: Dann seid ihr alle Angehörige unseres Stammes.

Schmelke: Ja, wir müssen uns gegenseitig beistehen.

Rabbi: Nur Itzak ist ein Unbeschnittener. Aber er ist in einer jüdischen Familie groß geworden, und somit ist er auch in unsere Bräuche eingeweiht.

Schmelke: Ja, er hat es besser als wir. Ihm fehlt der Davidstern auf der Brust. Somit wird er weniger geschlagen als wir.

Rabbi: Wie viele von euch leben in diesem Pferdestall?

Szymon: Wir hausen hier mit 820.

Jekel: Gestern Abend waren es noch 820. Über Nacht sind 19 gestorben oder haben ihrem Leben ein Ende gesetzt. Und am heutigen Tag sind vier niedergeschlagen worden und fünf aus Entkräftung umgekippt und dann erschossen worden.

Szymon: Ein Drittel der hier Lungernden dürften Juden sein. Wir sind froh, verehrter Rebbe, dass Sie zu uns gekommen sind. Wir machen uns immer wieder Gedanken, warum das ganze Leid über unser Volk gekommen ist. Itzak meinte, wir würden von Ihnen bestimmt mehr Licht in dieses grauenvolle Dunkel bekommen, das uns umgibt.

Rabbi: Es ist kein Zufall, dass ihr hier seid. Alles hat einen höheren Sinn.

Jeckel: Aber welchen? Bitte erkläre ihn uns.

Rabbi: Auch das Leid hat sein Gutes. Es holt das Edelste aus dem Menschen, nämlich Güte, Verstehen und Erbarmen.

Schmelke: Oder das Niederträchtigste.

Rabbi: Ihr fünf haltet hier zusammen, beschützt einander. Das ist etwas Gutes. Ja, ich werde oft gefragt, warum geschieht diese Shoa?

Szymon: Ein polnischer Zivilarbeiter bei der Wasserrohrverlegung hatte uns zugeflüstert, dass die Engländer unsere Shoa nun mit dem Ausdruck Holocaust bezeichnen.

Rabbi: Ja, das ist ein zutreffenderes Wort. Denn es bringt die von Hitler angestrebte vollkommene Vernichtung unseres Volkes besser zum Ausdruck. Der Begriff Shoa drückt mehr die unheilvolle Zerstörung im Allgemeinen aus.

Nun auf die mir gestellte Frage zurückzukommen, warum es die Shoa, beziehungsweise den Holocaust gibt. Die gegen die Liebe zu einem Nächsten massiv verstoßen haben, kommen in die Gehenna, jene flammende Hölle, die sie von allen begangenen Sünden reinigt. Doch dann stehen sie vor den Richtern des himmlischen Gerichts. Und sie müssen zurückkehren auf die Erde, um alles wieder gutzumachen. Haben sie sich gar nicht oder nur wenig gebessert, dann wird wieder das Gleiche mit ihnen geschehen, bis sie ganz von sündigen Gedanken und Taten befreit sind. Eine halbe Stunde in der Hölle ist wie ein ganzes Leben voller Leiden. Kann es nicht sein, dass Gott für diese jetzige Zeit verfügt hat, die Gehenna auf die Erde zu verlegen, um zu veranschaulichen, wie eine nachtodliche Gehenna in ungefähr aussehen könnte? Ist nicht Hitler vielleicht der von Ihm auserwählte Oberteufel mit seiner ganzen Hierarchie von Teufeln bis hinab zu den unteren SS-Schergen und ihren Mithelfern? Und wurde nicht Hitler vielleicht von der Vorsehung geködert mit der wahnsinnigen Idee, ein judenfreies Großgermanisches Reich zu gründen, das analog zu Alexander dem Großen ihn als Adolf den Großen in die Geschichte der Menschheit eingehen lassen würde?

Itzak: Er wird als Adolf der Vergaser in der Menschheitsgeschichte seinen Platz finden.

Rabbi: Wie ihr seht, sind Gottes Ratschlüsse unergründlich. Ihr werdet alle irgendwann, und sei es nach langen Umwegen, auferstehen in neuen Leibern im himmlischen Jerusalem. Doch zuerst werdet ihr vor die drei Richter geführt. Wessen Tikkun – die Reparierung und Verbesserung seiner Seele und sei es durch Ausgleicherfahrung – noch nicht ausgeglichen ist, wird zurück auf die Erde in einen neuen Körper geschickt. Wessen Tikkun aber erfüllt beziehungsweise ausgeglichen ist, darf im himmlischen Garten Eden wandeln.

Jekel: Wie ist das Tikkun zu verstehen, denn es bestehen verschiedene Ansichten darüber?

Rabbi: Als Adam wegen der Übertretung des Gebotes Gottes vom verbotenen Baum einen Apfel aß, wurde er mit Eva vertrieben. Und mit ihm blieb das ganze ihm nachfolgende Menschengeschlecht aus dem Garten Eden ausgeschlossen. Wir Menschen müssen durch Gebete zu Gott, durch gute Taten und Demut unsere Verfehlungen wiedergutmachen, um zu Ihm zurückkehren zu dürfen. Diese Wiedergutmachung sowie auch die allmähliche Verbesserung der gesamten Menschheit nennen wir das Tikkun Olam. Und auf einen einzigen Menschen bezogen sprechen wir von Tikkun, der Verbesserung seiner Seele. Diese wird meist nur erreicht, indem man das, was man anderen aus Lieblosigkeit angetan hat, am eigenen Körper und Geist erspüren muss. Die Inder nennen es meist in Verbindung mit wiederholten Erdenleben Karma.

Szmuel: Wird man immer wieder als Jude geboren, wie der Rabbi Luria, der Ari aus Safed, sagte?

Rabbi: Wenn ein Jude bei dem vorzunehmenden neuen Erdenleben darauf besteht, wieder Jude zu werden, dann werden seine Wünsche sicherlich erfüllt werden. Es sei denn, dass höhere Einwendungen bestehen, die er dann selbst einsehen und ihnen zustimmen wird. Du, lieber Szmuel, wirst dich bei der Vorbereitung für dein nächstes Erdenleben dafür entscheiden, eine Frau zu sein, und zwar eine Muslimin.

Szmuel: Wieso denn das?

Rabbi: Das hat seine tieferen Gründe. Denn du hast einst als gesetzesfanatischer Moslem Juden verfolgt und deine von dir geschlagene und erniedrigte Frau ohne Respekt und Liebe behandelt. Du musst noch diese ausgleichende Lektion selbst erfahren.

Jekel: Und was müsste ich angeblich in einem früheren Leben verbrochen haben?

Rabbi: Du warst hochfahrend und übermütig. Du bist hier, um Demut zu lernen.

Szymon: Und weshalb bin ich hier?

Rabbi: Du wolltest dich für andere aufopfern und somit alles wiedergutmachen. Die ganzen Zusammenhänge werden euch nach euerem Hinübergehen in eine höhere Welt erläutert werden.

Szmuel: Ich will wissen, ob wir Gott zu Willen leiden?

Rabbi: Gott hat es eingerichtet, dass der Mensch geboren werde und sterbe. Der Mensch soll glücklich sein, wenn der Ruf an ihn ergeht, zu Ihm zurückzukehren. Jeder hat einmal nach vielen Inkarnationen ein Zaddik, ein vollkommener Mensch, zu sein. Wir alle haben durch viele Leben zu lernen, demütig zu werden. Denn die größte Frömmigkeit über alles Beten und Lernen hinaus besteht darin, dass man die Welt so annimmt, wie sie gerade ist. Lehrte nicht Rabbi Jeshoschua ben Levi, dass man nicht wie der obere Balken, sondern wie die niedrigste Schwelle zu sein hat, die von jedem betreten wird? Und weiterhin sagte er: „Suche keine Genugtuung, wenn man dich beleidigt, sondern ertrage in Demut jede Beleidigung."

Jekel: Nein, das vermag ich nicht. Ich habe anscheinend noch viel zu lernen.

Szymon: Ist das der Grund, warum so viele von uns alle Torturen ertragen haben und sogar manche mit Gleichmut, ja mit Demut sich aus den Ghettos abführen ließen und somit dem Tod entgegengingen?

Rabbi: Sie alle hatten die Demut praktiziert. Sie wohnen jetzt bei Gott. Heißt es doch auch im Sohar: „Wer sich auf dieser Welt für klein hält, wird groß sein in der kommenden." Und denkt auch an den Rabbi Elimelech aus Lezaisk. Als er von einem Goj kräftig geschlagen wurde, rief er aus: „Herr der Welt, ich verzeihe ihm von ganzem Herzen und bitte dich, strafe ihn nicht." Wer von euch wäre zu solch einem Ausruf ebenfalls bereit?

Itzak: Ich nicht.

Szmuel: Ich auch nicht. Ich glaube, keiner von uns. Ich trage Hassgedanken wider diese SS-Bande und ihren Helfern. Ich könnte sie alle umbringen. Die Deutschen müssen auf ewig büßen. Und wenn es ein erneutes Erdenleben geben sollte, dann will ich Gott bitten, dass ich mich an den Verbrechern rächen kann.

Rabbi: Bedenke, dass sehr viele unseres Volkes als Gojim in Deutschland wiedergeboren sein werden. Und viele von ihnen werden den Drang in sich spüren, zum Judentum zu konvertieren. Du könntest mit deiner Rache somit den eigenen jetzigen Brüdern und Schwestern schaden. Doch mit Rachegedanken schadest du vor allem deiner eigenen Seele. Denn diejenigen, die mit Rachegedanken in den Tod gehen, sind von der Demut noch weit entfernt. Sie unterliegen dem Gilgul, das heißt, sie müssen auf jeden Fall ein erneutes Erdenleben durchgehen. Diejenigen, die aber ihren Feinden und Mördern vergeben, werden mit hoher Wahrscheinlichkeit von Gott gesegnet sein und dürfen im Paradies weilen.

Jekel: Werden sie dann dort für immer bleiben dürfen?

Rabbi: Das hängt von ihrer jeweiligen Entscheidung ab. Aber man unterzieht sich dort einer Selbstanalyse. Und man wird eventuell erkennen, worin man hinsichtlich einer vollkommenen Liebewerdung an seiner Seele noch fehlt. Man lernt bei hohen Lehrern. Doch das Erlernte muss auf eine Probe gestellt werden. Der Erdplanet ist der Probierstein der Liebe. Und hat ein Mensch nach wiederholten Erdenleben, deren Anzahl auch in die Hunderte gehen mag, seine Seele ganz mit Liebe erfüllt, dann wird er in den höheren Regionen von Gottes herrlicher Schöpfung weilen und benötigt kein Gilgul mehr, denn er kehrt nicht mehr auf die Erde zurück, es sei denn, um einen bestimmten höheren Auftrag zu erfüllen.

Szymon: Bist du etwa freiwillig auf die Erde gekommen, ohne an ein Tikkun gebunden zu sein?

Rabbi: Ich wollte auf die Erde kommen, um meinem Volk in seiner größten Not beizustehen und ihm das unermessliche Leid besser tragen zu helfen, indem ich ein wenig Licht in ihre größte Not bringe Wir leiden, solange wir nicht wissen. Wissen wir, dann mildert sich das Leiden oder es löst sich ganz auf. Leiden heißt: nicht wissen warum. Das Leiden anzunehmen ist Demut – unbewusst wissend, dass es berechtigt ist.

Jekel: Ich habe meine Frau, Gott segne sie, mit anderen Frauen betrogen. Ich habe auch böse Worte über andere gesagt und habe auch gelogen. Ich habe also gegen die Gesetze Gottes gehandelt. Wird mir deshalb ein ähnliches Ausgleichsschicksal bereitet werden, dass ich eine Frau sein werde, deren Ehemann sie betrügt und über die man Unwahrheiten verbreitet?

Rabbi: Das kann wohl sein.

Itzak: Kann Gott nicht in seiner großen Gnade vergeben?

Rabbi: Wenn der Mensch aus tiefstem Herzen bereut, dann wird der Allmächtige ihm vergeben. Und wenn wir selbst dem anderen vergeben können, dann sind wir Seinem Herzen sehr nah. Es gibt keine Sünde, und sei sie noch so groß, die von Ihm nicht vergeben werden könnte. Und hat nicht unser Prophet Jesaja gesagt: „Das Böse verlässt seinen Weg, der sündhafte Mensch seine Gedanken, er kehrt zu Gott um, wo Er sich seiner erbarmt. Denn bei Ihm ist die Vergebung."

Szmuel: Aber könnte Gott auch jenen SS-Teufeln und ihren Handlangern, die so viele Morde auf dem Gewissen haben, ebenfalls vergeben?

Rabbi: Wer immer aus tiefster Reue um Vergebung bittet, dem wird vergeben. So steht es auch im Talmud: „Und wenn er das ganze Leben ein Bösewicht war, schließlich aber seine Handlungen bereut, wird ihm das Böse nicht vorgehalten." Die Vergebung ist das Herzstück unserer Religion. Nicht umsonst ist Jom Kippur einer unserer heiligsten Tage. Und wer von uns würde dem anderen an solch einem von Gott festgesetzten Tag nicht vergeben wollen?

Szymon: Warum müssen wir Juden uns von den Anderen als Andere abgrenzen? Warum müssen wir die Mesusa an der Haustür anbringen? Warum müssen wir koscher essen, den Bart stehen lassen, beschnitten werden und beim Morgengebet die Tefillin anlegen? Warum das alles? Werden wir doch von den anderen deshalb verlacht und verfolgt.

Rabbi: Alles hat einen oder mehrere Gründe. Der eine Grund ist der, dass Gott uns ausersehen hat, Demut zu lernen. Der zweite Grund ist der, dass wir den Nichtjuden, den Gojim, als Aufgabe der Liebe zu dienen haben. In ihrem Verhalten uns gegenüber werden sie von Gott auf ihre Liebesfähigkeit getestet. Und ein anderer Grund könnte der sein, dass jene, die uns verlachen, schmähen, ihren Spaß mit uns treiben, uns verfolgen oder uns wegen unseres Anderssein sogar töten, selbst einmal zu jenen gehören müssen, die erniedrigt, verfolgt oder gar getötet werden. Denn vielleicht waren viele von uns in einem früheren Leben selbst einmal Judenverfolger und müssen jetzt in einem Ausgleichsleben an uns erfahren, was wir anderen angetan haben.

Szmuel: Das ist ein absurder Gedanke. Dem widersetze ich mich energisch.

Rabbi: Ich möchte dein Denken und deine Gefühle nicht verletzen. Deshalb betone ich ja, dass es vielleicht so sein könnte.

Jekel: Der Ari hatte doch behauptet, in früheren Leben Abraham und Moses gewesen zu sein.

Rabbi: Vielleicht war eine Teilseele von ihnen in ihm, oder jene haben ihn dermaßen beeinflusst, dass er vermeinte, jene gewesen zu sein? Vielleicht wollten sie ihm auch den Gedanken der wiederholten Erdenleben eingeben, da dieser nicht deutlich genug in der Tora zum Ausdruck gekommen ist?

Szymon: Warum müssen denn nur immer die Juden verfolgt werden und nicht einmal auch die Deutschen?

Rabbi: Wenn man in ein Volk hineingeboren wird, dann hat das einen bestimmten Grund. Gott hat alles durchdacht. Doch über das deutsche Volk bricht nun eine vorher nie erlebte Hölle herein. Ihre Städte werden zerbombt, Hunderttausende werden dabei umkommen. Und mit dem Sieg der Alliierten über Hitlerdeutschland zieht der Racheengel herauf. Die Russen, die Polen, die Tschechen werden sich aus verständlichen Gründen im besonderen Maße rächen. Die Deutschen werden zu Millionen vertrieben werden, verlieren ihr Hab und Gut, und viele werden auf der Flucht umkommen. Hunderttausende von Frauen werden aus Rache vergewaltigt werden. Es wird eine große Hungersnot entstehen, und man wird sie mit der Anklage der Mitschuld an dem Holocaust konfrontieren.

Szymon: Ich wünschte, ich würde dieses Lagerleben überstehen und könnte mich denen anschließen, die an den Deutschen Rache üben. Sie haben meine ganze Familie umgebracht.

Szmuel: Meine auch.

Jekel: Meine wohl auch.

Rabbi: Allein schon diese Gedanken entfernen euch von der zu erlernenden Demut. Denn die größte Frömmigkeit über alles Beten und Lernen hinaus besteht darin, dass man die Schicksale so annimmt, wie sie sich einem darbieten.

Szmuel: Dann hätten die Aufstände im Warschauer Ghetto, in Sobibor und in Treblinka auch nicht geschehen dürfen? Wir hätten uns einfach wie fromme Lämmer abschlachten lassen sollen? Nein! Und abermals Nein!

Schmelke: Ich wünschte, uns würde auch hier im Lager ein Aufstand gelingen. Aber die SS hat hier unter uns verschiedene Spitzel eingeschleust, die sofort, wenn sich solche Gedanken einer Verschwörung zusammenbrauten, alles weiterleiten.

Szmuel: Nein, uns wird es leider nicht gelingen, einen Aufstand samt Ausbruch aus diesem Stacheldrahtgefängnis zu organisieren.

Jekel: Warum wurden den Deutschen so viele Genies der Literatur und der Musik geschenkt? Etwa auch von Gott?

Rabbi: Du hast ganz Recht. Diese wurden dem deutschen Volk gewährt, weil der Allmächtige schon den Holocaust vorausgeplant hatte. Wären jene großen Genies nicht dem deutschen Volk gewährt worden, die in der ganzen Welt bestaunt werden, man denke nur an Bach, Mozart und Beethoven, dann würde das deutsche Volk als das Tätervolk dastehen, das von allen Völkern der Erde verachtet würde.

Itzak: Ja, ich habe Mitgefühl für das deutsche Volk und bitte Gott, dass Er ihm vergeben möge.

Rabbi: Millionen von Deutschen wissen nichts von dem Holocaust. Sie werden auch späterhin kaum glauben können, dass ihr geliebter Hitler so etwas Grauenhaftes begangen haben könnte.

Szmuel: Er hatte das deutsche Volk verraten und verrät es immer noch. Die ganze Propaganda ist Lüge. Er hat das deutsche Volk ausgenutzt für seine größenwahnsinnigen schmutzigen Vorhaben. Ja, ich habe auch Mitleid mit jenen Deutschen, die unschuldig zu Mitschuldigen geworden sind.

Itzak: Du hattest mir mal erklärt, dass es keine Zufälle gibt. Kannst du darüber nochmals zu meinen Freunden sprechen?

Rabbi: Gern. Dazu möchte ich ein Gleichnis wiedergeben. Der Rabbi Ba'al Schem Tov...

Jekel: Ja, von dem haben wir sicher alle gehört.

Rabbi: ... den man zumeist Bescht nannte, erzählte Folgendes: Ein Mann, der im Heu lag und furchtbare Zahnschmerzen hatte, wünschte, dass er ein bestimmtes Heilkraut zur Verfügung hätte, das sein Leiden lindern würde. Und er griff anscheinend ganz zufällig in das Heu und hielt auf einmal genau dieses Heilkraut in der Hand. Doch der Allmächtige hat nicht erst das Heilkraut in jenem Augenblick in das Heu gesteckt. Nein, denn Er hat schon bei der Schöpfung vorausgesehen, was in jenem Augenblick geschehen würde. Denn Gott wirkt jenseits von Zeit und Raum. Alles ist im Hier und Jetzt.

Szmuel: Hat Gott auch die Vernichtung unseres Judentums vorausgesehen?

Rabbi: Wie ich sagte, es gibt keinen Zufall. Bei Gott wirst du die Antwort auf diese Frage finden. Aber Er hat auch vorausgesehen, dass im Jahre 1948 das gelobte Land wieder unsere Heimat werden wird. Denn viele überleben diesen furchtbaren Holocaust und werden den Staat Israel mitgründen. Auch du wirst dazu gehören.

Szmuel: Es gibt also keinen Zufall?

Rabbi: Nein. Jedes Ereignis und jede Erfahrung hat einen Sinn, und alles, was wir sehen und hören, ist eine Lektion für unseren Dienst am Allmächtigen. Übrigens ist morgen der Vorabend zu Jom Kippur. Versammelt also morgen Abend zehn von unseren Glaubensbrüdern, damit wir gemeinsam das Kol Nidre dreimal beten. Und überlegt euch, wen ihr alles um Vergebung bitten möchtet und wem ihr vergeben mögt. Vielleicht werde ich jetzt schon für uns als Einstimmung ein Gebet sprechen. Und wenn ihr wollt, könnt ihr mitbeten. „Wenn jemand mir je Weh oder Leid zugefügt hat, Allmächtiger, Herr der Welt, vergib ihm. Ja, vergib auch denen, die uns Juden im Besonderen Leid zugefügt haben. Möge unseren Feinden nie Übel widerfahren."

Er verbeugt sich vor ihnen mit einem Schalom und geht dem Ausgang zu.

23. Szene

Der Rabbi kommt im Krankenrevier zu einer 30-Jährigen.

Rabbi: Vous êtes Madame Alana, n'est ce pas?

Alana: Ja, das bin ich. Und Sie sind der Heilerrabbi, wie man Sie hier allgemein nur nennt. Wie gut, dass Sie französisch sprechen, dann können wir uns ja in meiner Sprache weiterhin unterhalten. Können Sie mir helfen, mich ein wenig aufzurichten?

Er setzt sie hoch, sodass sie sich mit dem Rücken anlehnen kann.

Alana: Danke.

Er zieht einen Hocker herbei, auf den er sich setzt.

Alana: Ich habe darum gebeten, dass Sie zu mir kommen mögen. Danke, dass Sie gekommen sind. Versprechen Sie mir, dass alles, was wir nun besprechen, unter uns bleibt?

Rabbi: Ja, selbstverständlich.

Alana: Wir müssen uns auch leise unterhalten, damit niemand uns belauscht. Man weiß ja nie.

Rabbi: Was haben Sie auf dem Herzen?

Alana: Ich gebe auf. Ich will nicht mehr leben. Ich habe diese ganze Schinderei, diese Erniedrigungen, diese Qualen satt. Ich habe mir heimlich einen Strick besorgt. Ich werde mich heute Nacht aufhängen. Zuvor möchte ich aber mit einem Rabbi sprechen. Und Sie sind der Einzige, der auch das Frauen- und Krankenrevier aufsuchen darf.

Rabbi: Ich verstehe Sie sehr wohl. Aber warum wollen Sie jetzt schon aufgeben?

Alana: Weil dieses verfluchte Leben kein Leben ist. Es ist die reinste Hölle!

Rabbi: Psst, leiser.

Alana: Ich will zu meinem Mann, zu meinem Vater, zu meiner Tochter. Ich habe so große Sehnsucht nach ihnen.

Rabbi *ihre Hand haltend*: Ja, ja, ich kann Ihnen nachfühlen. Übrigens habe ich für einen Moment, als ich mich zu Ihrer Pritsche begab, eine Gestalt neben Ihnen gesehen. Er hatte einen Bart und Kotletten an den Backenseiten.

Alana: Das ist mein Vater. Wie gut, dass Sie ihn ebenfalls sehen können. Ich sehe ihn auch manchmal und spreche mit ihm.

Rabbi: Und, was sagt er Ihnen?

Alana: Er will mich, wenn ich meinen Körper verlasse, abholen. Er hat mir auch den Rat erteilt, Sie vorher zu mir zu bitten. Ich möge mich, so sagte er, auf meinen Tod gut vorbereiten. Deshalb habe ich den Strick besorgt. Oh, wie hasse ich diese Deutschen! In Lille kamen auf einmal Ende November letzten Jahres französische Gendarmen und sagten, dass wir Juden alle nach Ostpolen kämen, um dort einen eigenen jüdischen Staat zugeteilt zu bekommen. Wir dürften aber nur das mitnehmen, was wir tragen könnten. Wir hatten ja schon vernommen, dass Juden eingesammelt und durch das deutsche Reich nach Polen transportiert wurden. Uns wurde auch angedroht, dass, wer sich versteckt oder davonläuft, erschossen werde. Und dann wurden wir des Nachts auf den Bahnhof gebracht. Einige Bewohner beobachteten uns heimlich hinter ihren Festern und frohlockten oder vergossen Tränen des Mitleids. Ein vornehmer Pullmanzug stand für uns bereit. Wir mussten eine Fahrkarte mit Sitzplatz kaufen. Wir hatten all unsere Barschaft, unseren Schmuck mit dabei und trugen auch die Pelzmäntel, denn wir dachten, dass es sicherlich im Winter in Polen sehr kalt werden könnte. Der Zug wurde begleitet von bewaffneten deutschen SS-Soldaten. Fünf Tage und Nächte verbrachten wir in dem Zug. In Deutschland erlaubten es uns die Wachmannschaften, an Bahnhöfen zu einem Wasserhahn zu gehen, oder sie brachten uns auch Eimer mit Wasser. Und gegen Geld konnten wir uns Brot und anderes kommen lassen. Wir alle glaubten daran, dass wir wirklich im Osten Polens, wo schon viele Juden wohnten, mit ihnen einen neuen jüdischen Staat errichten würden. Wir wollten dort auch nicht ungepflegt ankommen, weshalb wir Frauen unsere Schminkutensilien dabei hatten. Trotz der nun immer mehr entstehenden Nöte wie die nicht mehr funktionierenden Toiletten, das Geschrei der Babys und das Heulen der Kinder, die immer wieder fragten, wann wir denn endlich da sein würden, glaubten wir, dass wir alles heil überstehen und dann in Polen unser Ziel erreicht haben würden. Doch sobald wir in polnisches Gebiet gelangten, durfte keiner mehr aus dem Wagen steigen. Einer, der aus dem Fenster gesprungen war, wurde sofort erschossen. Ich musste meiner siebenjährigen Tochter immer wieder versichern, dass wir bald ankommen würden. Der Durst steigerte sich bis zur Hysterie. An einer Station, wo wir wieder Stunden lang warten mussten, konnten wir manchmal einen der SS bitten, uns Wasser zu bringen. Und immer forderten sie Geld. Schließlich war unser Kleingeld ausgegeben. Die großen Dollarnoten – denn wir hatten unsere Francs vorzeitig noch umtauschen können – wollten wir natürlich für unser neues Leben behalten, um in der neuen Heimat ein Geschäft zu gründen. Und ich streckte nun meinen leeren Wasserbecher heraus zu einem der Bewacher und bat ihn, mir Wasser zu bringen. Er forderte Geld. Doch ich gab ihm zu verstehen, dass ich keines mehr habe. Er deutete auf meinen goldenen Ehering. Und in der Verzweiflung, da meine Tochter ständig nach Wasser schrie, streifte ich ihn ab und warf ihn ihm zu. Der nahm den Becher, hob den Ring auf, spuckte in den Becher und reichte ihn mir wieder zu und sagte: „Ihr Judenschweine habt nichts anders verdient." Ich war so wütend, dass ich ihm den Becher an den Kopf warf. Und er hob sein Gewehr und schoss durch die von mir schnell geschlossene Fensterscheibe. Mein Vater wurde am Kopf getroffen. Er lag nun sterbend aus dem Kopf blutend in meinen Armen. Er konnte noch röcheln, dass wir uns alle wiedersehen werden. Er verstarb nach wenigen Minuten. Wir legten den Leichnam auf den Sitz und weinten alle ganz schrecklich. Mich erfasste eine unbeschreibliche Wut. Wenn jetzt ein Deutscher in den Waggon gekommen wäre, ich wäre ihm an die Gurgel gegangen. Nach einigen Stunden hielt der Zug auf freier Strecke. Wir sahen drei junge polnische Burschen neben den Gleisen. Sie lachten uns an und strichen mit der flachen Hand waagrecht über ihren Hals. Was hatte wohl das zu bedeuten? Wünschten sie uns den Tod? Oder...? Über anderes wagten wir nicht nachzudenken.

Und, um es kurz zu machen, kamen wir nach fünf Tagen auf dem Nebengleis eines kleinen Ortes namens Belzec an. Der Zug setzte rückwärts. Wir kamen durch ein geöffnetes Tor, wohl ein Zwischenlager. Denn alles war mit Stacheldraht umgeben. Wir sahen SS-Soldaten mit Schäferhunden. Überall lag Schnee. Dann hielt der Zug. Und die Türen wurden geöffnet, und laute Stimmen drangen uns auf Deutsch entgegen: „Los! Alle raus! Schnell, schnell!" Und die nicht schnell genug die Trittbretter hinunterstiegen, wurden von den Schreiern heruntergerissen. Unser Gepäck, das wir mitführten, fiel zu Boden. Mein Mann hatte unsere Sarah in den Arm genommen. Er wurde von hinten beim Herabsteigen geschubst, sodass beide vor mir auf den Boden fielen. Somit konnte er sein Gepäck nicht mitnehmen. Er wollte deshalb trotz des Gedränges zurück, um dieses zu holen, als ihm einer dieser Uniformierten mit der Peitsche über das Gesicht fuhr und schrie: „Dein Gepäck kannst du später holen. Marsch, dort hinüber!" Und er deutete auf eine Männergruppe. Die Alten und die Kinder wurden von uns getrennt. Auch meine Sarah zerrte man aus meinen Armen. Alle Kinder schrieen nach ihrer Mutter. Ich wollte sie wieder zu mir nehmen, und schon bekam ich einen Peitschenhieb über mein Gesicht. Uns sagte ein SS-Offizier auf unsere Frage hin, was mit den Kindern geschehe, sie würden zuerst verköstigt werden und kämen dann in ein Heim, wo wir sie besuchen könnten. Es waren furchtbare Szenen, wo die Mütter sich nicht von ihren Kindern und speziell von ihren Babys trennen wollten. Man riss sie ihnen unter Schlägen aus den Armen und gab sie den größeren Kindern zu tragen. Die Gebrechlichen, die nicht mehr gehen konnten, legte man auf Tragen. Sie wurden von Männern in Sträflingsanzügen weggetragen, während man die Kinder und die alten Männer und Frauen wegführte. Später hörte ich viele Schüsse. Ich ahnte, was mit den Kindern und Alten geschehen sein mochte. Aber nachdem wir auf einen Patz geführt worden waren, hielt der SS-Scharführer Jierman, dessen Namen ich später erfuhr, eine Rede. Er hieß uns alle herzlich willkommen. Wir schauten uns verdutzt an. Zuerst schlagen sie uns und jetzt „ein herzliches Willkommen"? Das passte doch gar nicht zueinander? Und dann sagte er, dass sie viele Facharbeiter benötigten, aber auch alle andern würden gute Arbeit unter besten Bedingungen bekommen. Und seine kurze Rede beendete er mit dem Satz: „Ihr nehmt jetzt ein Reinigungsbad samt Inhalation. Nachher werdet ihr eingekleidet und essen und trinken können. Und dann werdet ihr zur Arbeit geschickt." Auf einmal keimte in uns wieder große Hoffnung auf. Also doch Arbeit. Und nach dem Bad Essen und Trinken. Also möglichst schnell ins Inhalationsbad, denn wir alle hatten unbändigen Durst und Hunger. Wir mussten nun unser ganzes Gepäck liegen lassen und uns auch von den Pelzmänteln trennen. Uns wurde versichert, dass wir später alles wieder mitnehmen könnten. Alsdann wurden wir von den Männern getrennt, denn diese hatten sich separat von uns auszukleiden, während wir Frauen und Mädchen zu einer Baracke geführt wurden, wo wir uns vollkommen entkleiden mussten. Daraufhin geleitete man uns in Gruppen zu acht Stühlen, hinter dem jeweils ein Mann mit Schere stand. Dann wurden jeder von uns die Haare abgeschnitten. Nun kamen wieder Zweifel auf, ob wir wirklich nachher unser versprochenes Essen bekämen. Die Haarabschneider gaben auch auf unsere Fragen hin keinen Ton von sich. Einige Frauen wurden hysterisch. Es war ein Geschrei und Lamentieren. Schließlich, als alle nun geschoren waren, trieb man uns mit Peitschenhieben und Bajonettstichen, sodass bei einigen Blut floss, über drei Stufen hoch, wo sich die sechs Bade- und Inhalationsräume befanden. Ein Askari, wie man die Trawnikis dort nannte, zählte auf Deutsch 750 von uns ab, die dann dicht gedrängt in einem solchen Bad zu stehen kamen, sodass die zu verriegelnde Tür von mehreren Askaris heftig gedrückt werden musste, um die Frauen in den Raum zu pressen. Es musste gewartet werden, bis alle sechs Inhalationsräume gefüllt waren. Erst dann sollten die Reinigungsbrausen angestellt werden. Als ich vor dem fünften Bad stand und schon etwa 300 vor mir abgezählt waren, trat ein höherer SS-Offizier auf mich zu und redete mich auf Französisch an. Er fragte mich, ob ich kochen könne. Ich bejahte. Er zog mich aus der Masse der Nackten hervor. Ich hielt noch meine Tochter an der Hand. Er sagte, ich solle sie loslassen, ich würde meine Tochter später wiedersehen. Dann befahl er mir, ihm zu folgen. Ich hörte noch meine Tochter schreien: „Mama, komm zurück!"

Ich wurde in einen Raum geführt, wo man mir einfache Kleidungsstücke gab. Und auf einmal hörte ich lautes Motorengebrumm. Und sofort kamen Schreie aus den Boxen. Nun wusste ich, dass sie alle vergast würden. Ich brach zusammen. Ich schrie den Offizier an: „Ihr Schweine! Ihr Lügner! Warum töten ihr uns alle?" Und er antwortete auf Französisch: „Sie sollen froh sein, dass Sie am Leben geblieben sind." Und dann gab er jenem, der mir die Kleidung gegeben hatte, den Befehl, mich zu dem Küchenkommando zu bringen. Und dort befanden sich einige andere, meist junge Jüdinnen aus Galizien. Ich hatte einmal ein bisschen Jiddisch gelernt, sodass wir uns verständigen konnten. Von ihnen erfuhr ich, dass hier alle Juden vergast würden und dass auch ihnen selbst irgendwann das gleiche Los bevorstehe und ihre Leichen in Massengräbern mit Erde zugeschüttet würden. Ich hatte eine solche Wut auf die Deutschen. Was fällt ihnen eigentlich ein, ein ganzes Volk einfach auszurotten? Wir kochten für die SS und die ukrainischen Wachposten. Und wenn ich unbeobachtet war, spuckte ich meinen Hass in das Essen. Wir wurden von einer Aufseherin kontrolliert, damit wir selbst nichts von dem Essen zu uns nahmen. Trotzdem konnten wir hin und wieder heimlich naschen, was der einen oder anderen schon Schläge einbrachte. Gelegentlich wurden auch welche abgeführt. Wir wussten, was ihnen bevorstand. Und schließlich kam dieser SS-Mann, der mich ausgesondert hatte, in die Küche und befahl mir mitzukommen. Er führte mich in sein Büro. Was wollte er von mir? Und er sagte mir, dass er mich überaus attraktiv finde und er nicht wolle, dass ich hier stürbe. Wenn ich in seine Wünsche einwillige, würde er mich mit nach Lublin nehmen, wo er mir, da ich Französisch, Englisch und Deutsch sprach, als Sekretärin einen Posten verschaffen wolle.

Als Gegenleistung wolle er mit mir schlafen. Er dürfe das zwar nicht, denn alles müsse geheim bleiben, da mit einer Jüdin zu schlafen Rassenschande bedeute, was ihm den Rang eines Obersturmführers kosten könne. Ich war zugleich wütend, aber ich hatte auch den Willen zu überleben. Ich ließ es geschehen, dass er mich auszog und über den Tisch legte. Er nahm mich tatsächlich mit nach Lublin, wo er mich als seine Dolmetscherin anstellte, die ihm jeden Tag in dem abgeschlossenen Zimmer zu Diensten zu sein hatte. Kein anderer durfte mich zu sehen bekommen. Zu fliehen wäre sinnlos gewesen, denn wohin hätte ich mich auch wenden können? Ich hatte kein Geld, sprach nicht Polnisch. Es war aussichtslos. So war ich seine Mätresse. Ich hasste ihn, ich hasste mich. Und trotzdem war ich froh, dass er mein Leben errettet hatte, und spielte ihm die heiße Geliebte vor. Denn ich wusste, solange er mich begehrte, war ich vor der Vernichtung geschützt. Und dann wurde er zurück ins Reich versetzt. Er konnte mich nicht mitnehmen. Er ließ mich hierher ins Frauenlager bringen. Ich habe solch eine Wut auf all die deutschen SS-Männer und Aufseherinnen, ja, auf alle Deutschen, die es diesem Hitler ermöglichten, seinen Judenhass über uns auszukippen und uns in den Tod zu treiben. Hoffentlich wird in einem anderen europäischen Land ein Hitler geboren, der uns rächen wird und alle Deutschen in den Tod schickt. Ja, das würde ich mir von ganzem Herzen wünschen. Warum werden wir Juden eigentlich fast überall auf der Welt verfolgt? Warum nicht auch einmal die Deutschen?

Rabbi: Da müssen Sie schon den Allmächtigen selber fragen.

Alana: Sagen Sie nun, verehrter Rabbi, habe ich mich vor Gott schuldig gemacht? Hätte ich lieber mit meinem Mann und meiner Tochter ins Gas gehen sollen?

Rabbi: Nein. Sie sind Ihrem gesunden Überlebenstrieb gefolgt, der wohl allen Menschen vom Allmächtigen eingegeben worden ist. Sie haben keine Schuld auf sich geladen. Glauben Sie an ein Leben nach dem Tod?

Alana: Ich weiß nicht so recht. Doch mein Vater sprach immer davon, dass es ein Leben nach dem Tod gibt, wo wir uns alle wiedertreffen.

Rabbi: Dem Allmächtigen sei Dank, dass Er das für uns Sterbliche so eingerichtet hat. Denn in den höheren Regionen, die wir als den Garten Eden bezeichnen könnten, treffen wir uns alle wieder.

Alana: Und er sprach auch davon, dass wir frühere Leben gehabt haben. Er besuchte spiritistische Kreise mit in Trance befindlichen medialen Personen, die den Verkehr mit Jenseitigen herzustellen vermochten. Ich freue mich, heute Nacht mich zu erhängen. Sehen Sie, dort über dem Türpfosten ist ein Loch, durch das ich die eine Schlaufe schieben werde. Der Hocker, auf dem Sie sitzen, wird mein Sprungbrett zurück zu meiner Familie sein.

Rabbi: Natürlich steht es Ihnen frei, Ihr Leben zu beenden, wann immer Sie wollen. Mit großer Wahrscheinlichkeit werden Sie als Mann oder Frau wiedergeboren.

Alana: Woher wissen Sie das?

Rabbi: Weil nur sehr wenige nach dem abgelebten Leben die Kette ihrer vielen Erdenleben beendet haben, um nie wieder aus Lerngründen zurückkehren zu müssen. Aber ich möchte Ihnen Folgendes zu bedenken geben, bevor Sie heute Nacht Ihr Vorhaben ausführen. Wenn Sie sich erhängen, werden Sie in einem nächsten Leben sehr wahrscheinlich Nackenschmerzen haben. Außerdem könnten Atemnot und Schluckbeschwerden hinzukommen, wenn nicht gar noch die Angst, am Hals angefasst zu werden.

Alana: Wieso denn das?

Rabbi: Die Begebenheiten und Gefühle, die wir vor allem in den letzten Minuten vor dem Tod haben, prägen sich wie eine Programmierung in die Seele ein. Und diese Programmierungen manifestieren sich in einem erneuten Erdenleben oder vielleicht sogar noch in mehreren späteren Leben. Und wenn Sie gar mit Wut und Zorn aus dem Körper gehen, werden Sie diese im nächsten Leben wieder mit sich herumtragen. Sie könnten ein Choleriker und dazu ein Deutschenhasser sein. Doch diese Wut nach außen richtet sich auch gegen Sie selbst. Eine solche könnte Ihr Immunsystem schwächen, sodass die Wut sich audioaggressiv umsetzt und in Ihnen Krebs verursacht. Diese Wut könnte sich nicht nur gegen die Deutschen, sondern auch auf alle Menschen erstrecken wie auch gegen das Leben an sich. Selbst in einer Partnerschaft könnte sich diese mitgebrachte Wut aus dem heutigen Leben sehr zerstörerisch auswirken.

Alana: Das ist ja furchtbar. Und wie kann ich vermeiden, dass mir das alles begegnen wird?

Rabbi: Indem Sie friedlich sterben, und zwar ohne Gewaltanwendung und ohne Wut und Zorn. Hängen Sie sich nicht auf. Legen Sie allen Zorn ab.

Alana: Und wie?

Rabbi: Wenn Sie wollen, sprechen Sie mir jetzt nach.

Alana: Ja, bitte.

Rabbi: Wenn Sie möchten, legen Sie die Hände auf die Brust. Ich bitte den Allmächtigen...

Alana: Ich bitte den Allmächtigen...

Rabbi: ... mich von allen Gedanken des Zornes und der Wut zu befreien.

Alana: ... mich von allen Gedanken des Zornes und der Wut zu befreien.

Rabbi: Ich vergebe allen meinen Widersachern und Feinden...

Alana: Ich vergebe allen meinen Widersachern und Feinden...

Rabbi: ... und wünsche, dass auch der Allmächtige ihnen vergeben möge.

Alana: ... und wünsche, dass auch der Allmächtige ihnen vergeben möge.

Rabbi: Ich möchte von nun an bis in alle Ewigkeit in Demut und Liebe Dir dienen. Amen.

Alana: Ich möchte von nun an bis in alle Ewigkeit in Demut und Liebe Dir dienen. Amen.

Rabbi: Ihr Vater sagt mir gerade, dass er Sie in drei Tagen abholen wird. Haben Sie also noch ein wenig Geduld.

Alana *beginnt zu weinen*: Haben Sie Dank, lieber Rabbi. Ja, ich werde mich heute Nacht nicht erhängen.

Rabbi: Und in den noch kommenden Tagen gehen Sie in Gedanken durch Ihr Leben und vergeben Sie allen, die Ihnen Schmerz, Leid, Kummer und Angst bereitet haben. Stellen Sie sich vor, dass Sie einen goldenen Becher mit einer goldenen Flüssigkeit darin haben, in der sich die Kraft der Liebe, der Vergebung und der Leid- und Schuldauflösung befindet. Und dann stellen Sie sich vor, dass Sie vor der betreffenden Person oder den Personen stehen und ihnen diesen Kelch reichen. Und, wenn Sie anderen ebenfalls solches oder Ähnliches zugefügt haben sollten, dann gehen Sie in Gedanken zu diesen und bitten sie um Vergebung. Und schließlich gehen Sie auch zu sich selbst. Stehen Sie vor sich wie vor einem Spiegel. Und vergeben sich selbst und lösen sich von allen Schuldgefühlen. Und vergessen Sie nicht, diesen Kelch in Gedanken auch jenem SS-Oberen zu geben, der Sie vom Gastod bewahrt hatte. Er war in einem früheren Leben ein zum Tode verurteilter junger Straßenräuber, für den Sie als Gräfin bei Ihrem Mann um Gnade baten und diesen Schönling in Ihren Dienst als Gärtnergehilfen aufnahmen, mit welchem Sie ein heimliches Liebesverhältnis führten.

Der **Rabbi** *erhebt sich und verabschiedet sich* Schalom.

Alana: Danke, dass Sie gekommen sind. Schalom.

24. Szene

Der Rabbi kommt auf Feld V in das Krankenrevier des Frauenlagers.

Rabbi *zur Ärztin*: Wo liegt die Nummer 3716?

Ärztin: Sie meinen Ronia Leiner, die gestern eingeliefert worden ist?

Rabbi: Ja, genau, die meine ich. Wie schön, dass Sie sich die Namen Ihrer Patientinnen merken und sie nicht, wie üblich, nur nach Nummern benennen.

Ärztin: Nun ich gebe mir Mühe, mir die vielen Namen der hier Eingelieferten zu merken. Denn es tut ihnen wohl, wenn sie hier wieder als eine Persönlichkeit und nicht als Nummer angesprochen werden. Ja, die Ronia wurde wieder mal von der blutigen Brygida ganz schön zugerichtet. Wir haben stets neue Patientinnen, die auf ihr Konto gehen. Wenn wir nicht gerade wieder eine Typhusepidemie haben, liegen an erster Stelle bei uns die Fieberkranken mit den verschiedensten Begleitsymptomen von Erkältungen, Lungenkrankheiten bis hin zum

Durchfall. An zweiter Stelle kommen die Moribunden und die von Krätze Befallenen, bei denen noch Hoffnung besteht, dass sie wieder gesunden. Ansonsten kommen sie in den „Gammelblock", wo sie liegen, bis sie gestorben sind. Bis vor kurzem hatte man sie meist noch ins Gas gebracht. An dritter Stelle kommen jene, die beim Arbeitseinsatz oder auch auf unserem Feld körperliche Schäden erlitten haben. Dazu gehören auch die mutwilligen Einwirkungen seitens des Aufsichtspersonals. Nur die Hälfte der hier Liegenden kommt wieder zu Kräften. Die andere Hälfte stirbt, da wir ihnen nicht helfen können, zumeist aus Mangel an Medikamenten.

Rabbi: Ja, ja, ich weiß. Gott sei Dank hat man ja mit der Vergasung aufgehört.

Ärztin: Ja, da wurde hier auch selektiert. Und die für den Tod durch Gas Bestimmten haben sich gesträubt und geschrien. Es war einfach furchtbar. Jetzt lässt man sie im Gammelblock verrecken und dann kommen sie ins Krematorium. Heute stinkt es ja wieder entsetzlich. Ich bin froh, wenn man oben das große neue Krematorium baut, damit hier der Gestank aufhört.

Rabbi: Seit einigen Wochen dürfen Häftlinge Pakete empfangen, in welchen sich ja manchmal auch Medikamente befinden.

Ärztin: Solange sie noch Verwandte haben, die ihnen dergleichen zuschicken. Aber die jüdischen Patientinnen haben ja keine Verwandten mehr. Ihnen vor allem geht es am schlimmsten. Die Ronia liegt im zweiten Gang links auf der Pritsche 212. Lassen Sie sich von dem Gestank hinten nicht abschrecken, denn es liegen dort Patientinnen mit Durchfall. Gleich werden die Laken aus der Wäsche gebracht. Dann werde ich unsere Neue schicken, um bei Ronia ein neues Laken unterzulegen. Ich freue mich immer, wenn Sie wieder zu uns kommen. Sie strahlen in diesem trostlosen Krankenrevier so viel Zuversicht aus. Übrigens ist die Französin aus Lille vorgestern Nacht gestorben.

Rabbi: Sie wird wie nach einem langen Alptraum in der höheren Welt voller Schönheit, Frieden und Freude erwacht sein und ist jetzt wieder mit ihrer Familie vereint. Wie schön für sie.

Ärztin: Ihren Glauben möchte ich haben.

Die neue **Krankenschwesteraushilfe** *kommt:* Frau Doktor, die Slowakin auf 184 schreit, sie möchte endlich eine Todesspritze haben, da sie ihre Schmerzen nicht aushalten kann. Was soll nun geschehen?

Ärztin: Wir haben weder Anästhetika noch Morphium. Wir müssen sie ganz nach hinten legen, wo mehrere vor Schmerzen wimmern oder schreien. Doch halt, Halina, mir fällt gerade ein. Die Polin aus Posen hat doch gestern ein Paket bekommen, in welchem zwei Ampullen Morphium beigelegt waren. Sie liegt auf der Pritsche 23. Frag sie, ob wir das der Schreienden geben dürfen.

Rabbi: Du heißt Halina. Kommst du nicht aus Rusanivtsi?

Halina: Ja. Kennen Sie mich?

Rabbi: Ja, Itzak hat mir von dir erzählt.

Halina: Itzak, der gemeine Kerl, ist hier im Lager?

Rabbi: Ja, er ist im Feld III im Block 7.

Halina: Sagen Sie ihm, dass ich ihm bis in den Tod nie verzeihen werde. Er war meine große Liebe und hat sie verraten. Möge er hier zu Tode gequält werden und so seine gerechte Strafe abbüßen.

Halina und der Rabbi gehen in verschiedene Richtungen.

25. Szene

Der Rabbi nähert sich mit einem Hocker der schlafenden Ronia. Er setzt sich vor sie hin. Er berührt das Blechschildchen an ihrer Hand mit der Nummer 3716 und zieht ein wenig daran. Sie öffnet die Augen

Ronia: Ach, Rebbe, Sie sind es. Wie schön, dass Sie mich besuchen. Ja, ich habe vor dem Schlafen gestern gebetet, dass Sie wieder zu mir kommen mögen.

Rabbi: Ich habe deinen Wunsch mitgeteilt bekommen. Was ist geschehen?

Ronia: Warum werde ich immer wieder in das Arbeitskommando dieser blutgierigen Hexe eingeteilt? Sie schikaniert, erniedrigt und schlägt mich, so oft sie kann. Gestern hat sie mal wieder einen der Schäferhunde dabei gehabt. Und als wir die Kartons mit den abgeschnittenen Haaren der Neuangekommenen aus dem Lager im Dauerlauf auf einen Lastwagen schleppten, entglitt mir einer und fiel auf die Erde, sodass der ganze Inhalt im Schlamm lag. Sie war so wütend! Sie kam auf mich zu und schlug mich mit ihrer Peitsche. Ich lag auf dem Boden und schützte mein Gesicht mit den Händen. Und dann hetzte sie den Hund auf mich. Hier sehen Sie sie zeigt ihre Hüftseite mit dem Verband, dort hat er mehrere Male hineingebissen. Eine große Wunde. Gott sei Dank kam die Stute, ihre Vorgesetzte, vorbei, die sich gegenseitig nicht riechen können. Sie befahl, mich sofort ins Krankenrevier zu bringen. Die Brygida hätte mich sonst von ihrem Hund zerfleischen lassen.

Rabbi: Darf ich dir die Hände auflegen, damit du schneller wieder gesund wirst?

Ronia: Ja. Aber dann muss ich zurück in meinen Block und werde beim Appell vielleicht wieder in ein Kommando mit diesem Scheusal kommen. Und dann wird sie mich ganz totschlagen. Warum hat sie es im Besonderen auf mich abgesehen und nicht so sehr wie sonst üblich auf andere Jüdinnen, obwohl ich ihr sagte, dass ich keine bin?

Rabbi: Aber du trägst noch auf deinem Kittel den Davidstern.

Sie hat den Kittel hochgezogen, sodass er seine Hände über die Wunde gleiten lassen kann

Rabbi: Die Brygida hat mehrere Dybbuks in sich.

Ronia: Sie meinen einen dieser unsichtbaren Teufel, die uns Menschen schaden und uns auch irrsinnig werden lassen können?

Rabbi: Ja. Diese sind Seelen von Verstorbenen, die nicht den Weg in die höheren Regionen gefunden haben und somit erdgebunden bleiben. Viele von ihnen suchen sich einen Menschen aus, um in ihn zu dringen und sich seiner zu bedienen. Andere Erdgebundene gehen auch in jene hinein, die ihnen Schutz bieten. Und durch ihre Gedanken können sie die Träger solcher Unsichtbaren beeinflussen. Es gibt

Menschen, die wie die Brygida eine ganze Anzahl von Unheilstiftern in sich tragen. Diese fordern sie zu schlimmen Taten auf und lassen sie in einen Rausch der Gewaltausübung verfallen. Einer dieser bösen Geister, wenn ich sie jetzt so nennen möchte, hat einen unbändigen Hass auf schöne Frauen. Er lässt keine Gelegenheit aus, um der Brygida zu befehlen, gerade sie zu schinden. Diese Bestie ist Mutter von zwei Kindern. Sie wird schon in wenigen Tagen nach Auschwitz beordert und wird den Krieg überleben. Als Krankenschwester in einem Berliner Krankenhaus arbeitend, wird sie verhaftet und nach Polen ausgeliefert, jedoch anders als andere Aufseher und SS-Verbrecher nicht durch den Strang hingerichtet. Doch wird sie zehn Jahre lang in polnischen Gefängnissen verbringen und späterhin sich vor einem deutschen Gericht für ihre Taten zu verantworten haben. Sie erhält dann nochmals eine zwölfjährige Haftstrafe. Sie selbst wird sich dann immer noch nicht als dieses Monstrum ansehen, sondern als tierliebende Vegetarierin, die als eifrige Besucherin des evangelischen Gefängnisgottesdienstes bei Nachfragen über ihre blutige Vergangenheit auf Gott verweist, der allein wisse, was sie wirklich getan habe. Du jedoch lebst dann schon längst in Israel.

Ronia: Das heißt, ich werde dieses Höllenlager überleben?

Rabbi: Ja. Aber lass mich weiter erzählen, was ich jetzt vor meinem geistigen Auge sehe. Man wird dich bitten, nach Düsseldorf zu kommen, um gegen Frau Hildegard Lächert, die ihr als blutige Brygida kennt, auszusagen.

Ronia: Ich werde nicht hinfahren. Denn dieses Scheusal will ich nie wieder sehen. Und wenn man mich zwingt, dorthin zu kommen, werde ich mich mit einem versteckten Messer auf sie stürzen und sie ermorden.

Rabbi: Übrigens soll ich dir von Itzak ausrichten, dass er dich liebt und dir gute Besserung wünscht. Er betet jeden Abend, dass du überlebst und ihr beide noch heiraten werdet.

Ronia: Werden wir denn noch heiraten?

Rabbi: Ja. Du wirst ihn mit deiner unehelichen Tochter finden.

Ronia: Was? Ich werde eine Tochter zur Welt bringen?

Rabbi: Ja, es wird die Wiedergeburt eines Freundes von Itzak sein, den er in Trawniki kennengelernt hatte.

Ronia: Ein Trawniki wird mich schwängern?

Rabbi: Ja, so wird es mir mitgeteilt. Du wirst also mit deiner Tochter nach dem neu zu gründenden Israel kommen, dessen schwierige Aufgabe es sein wird, sich mit den vorhandenen oder vertriebenen Palästinensern zu versöhnen und sie um Vergebung zu bitten, ihnen das Land weggenommen zu haben. Und du und Itzak werdet euch durch eine Suchanzeige wiederfinden. Er wird seine neue Verlobte sofort verlassen. Ihr werdet zusammen zum Judentum übertreten und heiraten. Und deine Tochter wird als Muttermal eine längere Narbe mitten auf dem Kopf haben, die sein wiedergeborener Freund beim Tod durch einen Stein erhalten hatte. Ich werde unsichtbar für euch bei der Hochzeitszeremonie dabei sein. Denn ich begleite euch beide schon durch einige Leben hindurch.

Ronia: Das, was Sie, verehrter Rebbe, mir sagen, kann ich nicht glauben. Es klingt alles so unwahrscheinlich. Wüssten Sie vielleicht auch, wer meine wirklichen Eltern sind?

Rabbi: Deine Mutter war eine galizische Magd, die bei der Geburt ihres unehelichen Kindes gestorben ist.

Ronia: Und wer ist mein Vater?

Rabbi: Er wollte sie heiraten, als sie schon schwanger war. Aber dann ist er plötzlich tödlich verunglückt.

Ronia: War einer von beiden Jude?

Rabbi: Nein. Deine Adoptiveltern kannten dieses Mädchen, da sie bei Verwandten als Magd gearbeitet hatte, weshalb sie, die sie selbst kinderlos blieben, dich als Tochter angenommen hatten. Und deine wirkliche Mutter wird dir als zweite Tochter geboren werden.

Ronia: Woher haben Sie, verehrter Rebbe, die Gabe, vergangene und zukünftige Dinge so klar zu sehen?

Rabbi: Da musst du Gott fragen. Da ich zu dem Schutzhaftlagerführer Thumann eine gute Verbindung habe, ...

Ronia: ... zu diesem schlimmsten der Mörder?

Rabbi: ... werde ich ihn bitten, dass dir der Davidstern abgetrennt wird und du als Polin registriert wirst. Auch werde ich ihn bitten, dafür zu sorgen, dass du einem leichteren Kommando zugewiesen wirst und dich nicht mehr unter der Aufsicht der Brygida befindest.

Halina kommt mit einem frischen Laken. Und als sie Ronia dort liegen sieht, lässt sie das Laken fallen und stürzt sich auf sie.

Halina: Da finde ich dich endlich!

Sie reißt sie von der Liege herunter, kniet über ihr und haut mit ihren Fäusten auf sie ein.

Ronia *schreit:* Hör auf!! Hör auf!!

Halina: Du gemeines Biest! Du hast mir den Geliebten weggenommen. Ich drück dir die Kehle zu. Dich bringe ich jetzt um!

Der Rabbi versucht die beiden zu trennen.

Rabbi: Lasst von einander ab!

Die Ärztin und Helferinnen sind herbeigelaufen.

Ärztin: Was ist hier los?

Auch sie hilft mit, die beiden von einander zu trennen. Sie hält nun Halina zurück, die Anstalten macht, sich wieder auf die am Boden Liegende zu stürzen

Halina: Lasst mich los! Ich muss sie umbringen! Sie hat mir den Verlobten geraubt.

Ronia, *die von den Helferinnen wieder auf die Liege gelegt wird:* Und sie behauptete, dass ich eine Jüdin sei. Deshalb hat man mich mit verschleppt. Sie hat gelogen. Aber man hat ihren Lügen geglaubt. Und deshalb hat man mich bis heute noch als Jüdin eingestuft. Nur ihr habe ich dieses elende Leben zu verdanken. Ja, führt sie ab. Sie muss bestraft werden. Sie soll im Kommando der blutigen Brygida arbeiten. Dort wird sie sicherlich ihre gerechte Strafe erhalten.

Halina beginnt nun zu weinen.

Der **Rabbi** *nimmt ihre Hand und sagt zur Ärztin*: Ich glaube, es ist am besten, wenn ich mit den beiden nun allein spreche.

Während sich die anderen entfernen, nimmt der Rabbi die weinende Halina in die Arme.

Rabbi: Ich weiß, warum dir alles so geschehen musste. Setze dich neben Ronia. Ich möchte dir alles erklären. Ihr beide kennt euch aus drei vergangenen Erdenleben. In dem einen Leben – es war in England vor etwa 80 Jahren – hattest du, liebe Halina, der damaligen Ronia den Geliebten weggenommen. Du musstest den Ausgleich erfahren, wie es ist, wenn man einer Verlobten den ihr versprochenen Ehemann wegnimmt. Nun seid ihr quitt. Du selbst, liebe Halina, wolltest in diesem Leben den Ausgleich erfahren. Es war dein Wille, dass dir der Geliebte weggenommen werden sollte.

Halina *noch immer weinend*: Und ich soll mir das alles selbst ausgesucht haben?

Rabbi: Ja. Denn bevor wir uns für ein neues Erdenleben entscheiden, überlegen wir, was wir noch aus Erfahrungsgründen auszugleichen haben. Und du brauchtest diese Erfahrung. Ronia hat aus ganz bestimmten Gründen sich vor ihrer Inkarnation dazu bereit erklärt, dir diese Erfahrung zu ermöglichen. Du könntest ihr eigentlich dafür dankbar sein. Und du, Ronia, hast damals in einem Leben in Spanien als Mann das Versteck eines jüdischen Freundes verraten, sodass er als Marane von der Inquisition mit anderen öffentlich verbrannt wurde. Und du hattest diesen, der heutigen Halina, vor ihrer jetzigen Menschwerdung gebeten, dir diesen Ausgleich zu verschaffen, indem sie dich verraten sollte. Ihr habt euch diese Schicksale selbst ausgesucht, um euch gegenseitig von anstehendem Ausgleichsgeschehen zu befreien. Nun ist es geschehen. Nun wisst ihr, warum alles so kommen musste, wie es gekommen ist.

Ronia: Ist das wirklich wahr?

Rabbi: Jawohl, so ist es gewesen.

Halina: Das heißt, dass wir uns gegenseitig geholfen haben?

Rabbi: Ja, so ist es.

Halina: Dann brauchen wir doch auch gar keinen Hass mehr auf einander zu haben. Dann ist alles richtig gewesen, wie es geschehen ist.

Rabbi: Ja. In den höher schwingenden Sphären, wo wir uns nach dem Tod einfinden, würdet ihr euch sowieso einander vergeben, da ihr das, was ich euch jetzt dargelegt habe, einsehen werdet. Könnt ihr darum einander jetzt auch schon vergeben?

Die beiden nicken zustimmend und umarmen sich und weinen.

Rabbi: Und nun sagt zu einander, so ihr bereit dazu seid: Ich vergebe dir für alles, was du mir im heutigen und in früheren Leben angetan hast.

Ronia: Ich vergebe dir für alles, was du mir im heutigen und in früheren Leben angetan hast.

Halina: Ich vergebe dir auch für alles, was du mir im heutigen und in früheren Leben angetan hast.

26. Szene

Der Rabbi befindet sich auf dem Feld III im Männerlager. Er spricht einen jungen Häftling mit einem runden rosa Fleck auf der Brustseite seines Kittels an, der ihn als Homosexuellen kennzeichnet.

Rabbi: Du, Francik, warum hast du dem Groffmann verraten, dass die beiden Leichenträger Miroslaw und Rubin sich darüber leise unterhalten haben, ebenfalls wie in Sobibor und Treblinka einen Aufstand zu planen?

Francik *aufgebracht*: Aber das stimmt doch gar nicht! Wie kannst du so etwas von mir behaupten!? Ich würde nie jemanden verraten. Wir sind doch alle Gefangene, die hier hungern und geschlagen werden.

Rabbi: Auf deiner Brust unter deinem Hemd befindet sich eine Käsestulle. Du wolltest jetzt heimlich hinter den Block gehen, um sie unbeobachtet zu verspeisen.

Francik: Woher weißt du das? Hast du Röntgenaugen?

Rabbi: Ich war auch unsichtbar dabei, als du vorhin dem Groffmann die beiden verrietest. Er klopfte dir auf die Schulter und sagte: „3987, du bist uns ein guter Helfer. Für jede neue wichtige Mitteilung sollst du zu essen bekommen. Ich könnte dich auch in den Küchendienst beordern. Mach weiter so." Hat er das nicht zu dir gesagt?

Francik *zögerlich*: Ja, das stimmt.

Rabbi: Warum verrätst du deine Kameraden?

Francik: Sie machen mich alle lächerlich. Sie schikanieren mich, äffen meine Art mich zu geben nach. Der Stubenälteste nennt mich einen Arschficker oder Schwanzlutscher, und andere rufen mir ähnliche Schimpfworte nach. Ich hasse sie alle. Ich hasse mich selbst wie auch mein ganzes Leben. Warum musste ich auch homosexuell sein? Ich kann doch nichts dafür, dass mich Gott so gemacht hat?

Rabbi: Möchtest du wissen, warum dich Gott so gemacht hat?

Francik: Ja. Aber woher willst du das wissen?

Rabbi: Ich weiß so manches, was den Menschen verborgen bleibt. Du warst in Köln vor etwa 50 Jahren ein Schneider, dessen beide Lehrlinge, wie du dann zufällig herausfandest, sich homoerotisch betätigten. Du hast sie angezeigt. Sie wurden dann vor Gericht zu Gefängnisstrafen verurteilt. Als sie wieder entlassen waren, hattest du die Leute gegen sie aufgehetzt, die sie vor allem von Jugendlichen mit Schimpfworten bedacht wurden. Aus Verzweiflung darüber hat sich der eine aufgehängt, während der andere nach Holland ging. Vor deiner jetzigen Inkarnation hast du dich entschieden, selbst an dir zu erfahren, wie es ist, als Homosexueller in einer Gesellschaft von Heterosexuellen zu leben. Die beiden, die du jetzt verraten hast, werden heute Abend beim Appell herausgerufen und zum Verhör gebracht. Danach werden sie erschossen.

Francik: Nein, das wollte ich nicht. Bestimmt nicht. Wie könnte ich das wieder gutmachen?

Rabbi: Du könntest zu Groffmann gehen und ihm sagen, dass du alles nur erfunden hast, um eine Stulle zu bekommen.

Francik: Um Gottes willen! Er wird mich zu Tode prügeln. Nein, daswerdeichnichttun.AuchwennermichamLebenlassenwürde, würde ich bestimmt in ein hartes Arbeitskommando kommen, wo ich, der ich ein Schwächling bin, sofort umkommen werde. Außerdem wird mir dadurch die zusätzliche Essensmöglichkeit entzogen. Nein, ich werde alles tun, um zu überleben.

Rabbi: Nun, das ist deine Entscheidung. Aber es wird eine Zeit nach deinem Tod geben, wo du diese Entscheidung bereuen und Gott im innigsten Gebet um Vergebung bitten wirst.

Francik: Warum hat Gott überhaupt Homosexuelle erschaffen?

Rabbi: Es gibt nichts in der Welt, was zufällig vorhanden wäre. Für die Heterosexuellen sind Homosexuelle eine Testaufgabe der Toleranz und der Nächstenliebe. Wer dagegen verstößt, wird in einemnächsten Lebenmitzum Teil hartenAusgleichserfahrungen konfrontiert werden müssen. Die Menschen werden immer wieder in ihrer Liebesbereitschaft am Nächsten getestet. Die ganze Erdenschule ist ein Unterricht in Liebeserweiterung. Wenn wir alle Lektionen erlernt haben, sind wir in unseren Gedanken und Taten ganz Liebe geworden. Auch du wirst dahin gelangen, obwohl dir noch viele Irrwege in anderen Leben bevorstehen. Gott ist ein Verzeihender und Helfer. Aber du musst dir vornehmen, eine derartige Sünde nicht mehr zu begehen. Unser Rabbi Mendel von Rymanow sagte, als man auf einen Denunzianten zu sprechen kam, der vielen Juden großen Schaden zugefügt hatte, aber dann in tiefste Reue verfiel: „Seine Seele wurde erlöst, und sie gelangte auf eine sehr hohe Stufe."

Sie trennen sich voneinander.

27. Szene

Der Rabbi sieht, wie der Unterscharführer Villain einen Gefangenen mit der Peitsche schlägt. Er eilt hinzu und hält dessen Arm zurück.

Rabbi: Hören Sie auf, diesen Mann zu schlagen! Er hat doch nichts getan.

Villain: Du Hund wagst es, mir in den Arm zu fallen! Das sollst du büßen!

Er reißt sich vom Rabbi los. Doch als er mit der Peitsche ausholen will, bleibt sein Arm bewegungslos über seinem Kopf stehen.

Villain: Was is tdas? Warum kann ich meinen Arm nicht bewegen?

Rabbi: Mich kann man nicht schlagen. Ich bin frei von Ausgleichserfahrungen. Jetzt können Sie wieder ihren Arm bewegen. Aber hüten Sie sich, diesen Mann nochmals zu schlagen.

Groffmann tritt mit seinem Hund hinzu.

Groffmann: Was gibt es?

Villain: Der Rabbi hat meinen Arm festgehalten, sodass ich diesen Faulpelz dort nicht züchtigen konnte. Und dann hat er mich hypnotisiert, sodass ich ihn selbst nicht schlagen konnte.

Groffmann: Wenn er anscheinend Menschen hypnotisieren kann, dann gewiss doch nicht meinen Hund – *auf den Rabbi zeigend* – Beiß ihn!
Der große schwarze Hund nähert sich bedrohlich knurrend. Doch dann bleibt er auf einmal vor dem Rabbi stehen, wedelt mit dem Schwanz und legt sich nieder. Dieser bückt sich und streichelt ihn.
Thumann kommt herbei.

Thumann: Was gibt es hier?

Groffmann: Der Rabbi hat unseren Unterscharführer davon abgehalten, jenen Dreckskerl zu züchtigen. Und als der Unterscharführer ihn schlagen wollte, konnte er auf einmal seinen Arm nicht mehr bewegen. Auch meinen Hund hat er zu hypnotisieren vermocht.

Thumann *streng*: Ich habe doch in Absprache mit dem Kommandanten den Befehl erteilt, dass man den Heilerrabbi überall mit Respekt behandelt. Ich bitte Sie, meine Herren, meinen Anordnungen in jedem Fall nachzukommen.

Groffmann und **Villain**: Jawohl Herr Obersturmführer!

Thumann: Und Sie, Rabbi, bitte kommen Sie mit. Ich muss mich mit Ihnen unterhalten.

Beide gehen einige Meter weiter und bleiben dann stehen.

Thumann: Ich soll Ihnen von Pastor Kellermann, den ich gelegentlich im Deutschen Haus treffe, ein ganz großes Dankeschön sagen. Er ist vollständig geheilt. Ein früherer Freund und Kollege von mir liegt mit einem Lungenschuss im Krankenrevier. Er ist schon operiert worden, aber er hat noch große Atembeschwerden, und die Ärzte befürchten seinen Tod. Auf meinen Rat hin hat er sich nach hier verlegen lassen, damit Sie ihn behandeln. Würden Sie bitte zu ihm gehen und ihm Ihre Heilkräfte zukommen lassen?

Rabbi: Selbstverständlich. Wie heißt er denn?

Thumann: Es ist der SS-Polizeiführer und Lagerkommandant von Plaszow, Josef Müller.

Rabbi. Ich werde ihn nachher gleich aufsuchen. Ich hätte noch eine Bitte.

Thumann: Sprechen Sie.

Rabbi: Im Krankenrevier der Frauen liegt eine junge Frau. Sie begegnete dort einer früheren jüdischen Freundin, die sie als Jüdin denunziert hatte, obwohl sie keine Jüdin ist. Vor Zeugen bekennt nun diese Freundin ihre damalige Böswilligkeit.

Thumann *lächelnd*: Sicher eine Eifersuchtsgeschichte.

Rabbi: Ganz genau. Sie wurde wieder einmal von der Aufseherin Lächert niedergeschlagen und von ihrem Hund durch Bisse schwer verwundet.

Thumann: Die Lächert wird sowieso übermorgen nach Auschwitz geschickt, wo sie eine neue Stelle in einem Außenlager bekommt. Ihre Vorgesetzte hat sich mehrfach über sie beschwert. Doch liegen da wohl ebenfalls Eifersuchtsgründe vor.

Rabbi: Da werden sich alle weiblichen Häftlinge sehr darüber freuen, wenn sie nicht mehr hier ist. Würden Sie mir einen Gefallen tun und bei der Registrierungsabteilung der Häftlinge durchsetzen, dass Frau Ronia Leiner von ihrem Davidstern befreit und ihr eine leichtere Arbeit zuerteilt wird?

Thumann: Das lässt sich sicherlich machen. Ich werde mit der Oberaufseherin Ehrich sprechen und auch die Entjudung von... Was für eine Nummer ist sie eigentlich?

Rabbi: 3716.

Thumann: Warten Sie, ich werde mir diese aufschreiben. *Er holt Schreibstift und Notizblock hervor.*

Thumann: Wie war noch mal ihre Nummer?

Rabbi: 3716.

Thumann *Stift und Notizblock wegsteckend*: Nun, das geht in Ordnung. Ist sie eigentlich hübsch?

Rabbi: Ja, sicher.

Thumann: Dann kann sie ja als Stubenmädchen im SS-Quartier sauber machen. Das ist eine leichtere Arbeit. Und vielleicht wird einer meiner Leute ihr auch mal zusätzlich ein Butterbrot zustecken.

Er lacht dabei.

Rabbi: Ich danke Ihnen.

Thumann: Und wenn irgendeiner von meinen Leuten Ihnen was antut, sagen Sie mir Bescheid, damit ich ihm die Leviten lesen kann.

Er lacht bei diesen letzten Worten. Sie trennen sich.

28. Szene

Der Rabbi kommt an das Bett des SS-Polizeiführers Müller.

Müller: Ah, da kommen Sie ja endlich. Sie sind ja in Ihrem schwarzen Rock mit Bart und Hut kaum zu verkennen.

Rabbi: Guten Tag. Wie soll ich Sie nennen?

Müller: Sie dürfen mich ausnahmsweise Herr Müller nennen.

Rabbi: Sie haben, wie mir der Lagerführer Thumann berichtet, einen Lungenschuss erhalten.

Müller: Nein, es war ein Granatsplitter, doch hat er einen Brustwirbel zersplittert. *Seinen Brustkorb öffnend:* Ja, sehen Sie. Noch ist der Verband darauf. Aber bei jedem Atemzug habe ich Schmerzen. Auch will das Fieber nicht runtergehen.

Rabbi: Darf ich mit meinen Händen über Ihre Wunde gleiten?

Müller: Aber gerne doch.

Er bewegt seine Hände über die angedeutete Stelle, doch dann lässt er sie längere Zeit darüber ruhen. Während das geschieht, entwickelt sich folgendes Gespräch.

Müller: Ja, bei jedem weiteren Atemzug lässt der Schmerz schon etwas mehr nach. Sagen Sie, woher haben Sie diese Heilfähigkeiten?

Rabbi: Die hat mir der Allmächtige verliehen.

Müller: Sie sind bestimmt ein frommer und Gott ergebener Mann?

Rabbi: Ich lass mich von Seiner Güte und Liebe leiten. Wie ich voraussehe, werden Sie schon in drei Tagen wieder als geheilt entlassen werden.

Müller: Wie können Sie den Tag genau voraussehen?

Rabbi: Gott gab mir das Geschenk, nicht nur in die Vergangenheit, sondern auch in die Zukunft sehen zu dürfen.

Müller: Das ist ja unerhört. Sogar in die Zukunft? Was können Sie mir über meine Zukunft sagen?

Rabbi: Sie werden fünf Jahre lang im Lubjanka-Gefängnis in Moskau als Kriegsverbrecher Ihre Strafe für die vielen Morde, die unter Ihrer Leitung im Lager Plaszow geschehen sind, abzubüßen haben. Dort wird man Sie streng behandeln, um weitere Geständnisse und Informationen aus Ihnen herauszuholen. Danach werden Sie nach Deutschland entlassen, wo man Sie in einem weiteren Prozess nochmals zu zehn Jahren verurteilt.

Müller: Das klingt ja grauenhaft. Soll das wirklich wahr sein?

Rabbi: Ja, so wurde es mir jetzt eingegeben.

Müller: Und können Sie rückblickend auch etwas über meine Tätigkeit in Polen und dann als Lagerkommandant sagen?

Rabbi: Sie haben polnische Frauen und Männer nach eigenem Gutdünken festnehmen lassen, um sie als Zwangsarbeiter nach Deutschland zu schicken. Dort dürften jetzt insgesamt über zwei Millionen in Fabriken und auf dem Land für Deutsche arbeiten.

Müller: Aber wir brauchen sie doch, da unsere Männer an der Front kämpfen. Wer hätte sonst die vielen kriegsbedingten und andere notwendigen Arbeiten verrichten können?

Rabbi: Sie haben als Lagerkommandant eigenhändig mehrere Leute erschossen oder sie auf Ihren Befehl hin erschießen oder aufhängen lassen.

Müller: Na ja, das musste so sein. Denn wenn ich keine Härte gezeigt hätte, hätten sie mir auf dem Kopf herumgetanzt. Nur indem man ihnen Angst und Schrecken einjagt durch Schläge und gelegentliche andere Einschüchterungsmethoden, bleiben sie gefügige Arbeiter. Können Sie denn auch etwas Positives über mich sagen?

Rabbi: Unter den von Ihnen angeforderten Männern aus dem Ghetto Krakau befanden sich einmal mehrere 14- und 15-Jährige. Sie waren darüber sehr ungehalten und schimpften lauthals auf die Begleitmannschaft der Neuen: „Ich habe Männer angefordert und keine

Jungs!" Sie ließen diese Jungen zur Seite treten und haben sie leichteren Arbeiten zugeteilt.

Müller: Ja, sie taten mir leid, habe ich doch selbst zwei Jungen in diesem Alter.

Rabbi: Und unter ihnen befand sich auch der 14-jährige Harry Balsam.

Müller: Ach, sogar den Namen kennen Sie!

Rabbi: Und obwohl Sie wussten, dass er Jude war, hatten Sie ihn anständig behandelt, beschäftigten ihn als Schuhputzer und steckten ihm Lebensmittel zu.

Müller: Ja, das stimmt. Ich bin überrascht, woher und wie Sie das alles wissen können. Dann sehen Sie mich also bestimmt nicht nur als Scheusal?

Rabbi: In jedem Menschen ist der göttliche Funke eingepflanzt. Und dieser sehnt sich nach Gott in gleicher Weise wie der Kern in der Erde, dessen keimender Trieb durch die Dunkelheit dem Licht zustrebt. Und eine Pflanze genauso wie der Mensch ist auf ihrem Weg zur Vollendung daran zu erkennen, wie hoch ihr Wuchs sich schon in der Tageshelle als Ganzes darstellt. Und wenn sie ganz ausgewachsen ist, dann entwickelt sie Samen. Das heißt, wenn der Mensch durch viele Erdenleben hindurch ganz Liebe geworden ist, dann gibt er diese Liebe in mannigfacher Weise weiter. Danach stirbt das Äußere für immer, denn dann braucht seine Seele nicht mehr auf die Erde in neue Verkörperungen zurückzukehren.

Müller: Das klingt alles sehr esoterisch. Glauben Sie daran, dass der Mensch nach dem Tod für seine Taten von Gott bestraft wird?

Rabbi: Gott straft nicht. Er ist reine Liebe. Doch wir als Seele selbst werden nach dem Tod in der höheren Welt unsere Unvollkommenheiten hinsichtlich unserer Liebewerdung erkennen und vom Drang geleitet werden, erneut als Mensch geboren zu werden, um durch Erfahrungen immervollkommener zu werden, immer mehr uns dem Licht Gottes zu nähern. Wir selbst sind unsere strengsten Richter. Und deshalb werden wir über uns selbst aus höherem Ermessen ein gerechteres Urteil fällen, als es jedes irdische Gericht vermag.

Müller: Und als was werde ich in einem nächsten Leben zurückkommen? Können Sie auch so weit in die Zukunft sehen?

Rabbi: Sie werden in etwa 70 Jahren als Junge in einem Teil Palästinas wiedergeboren werden, der unterhalb des neugegründeten Staates Israel an der Küste sich ausbreitet. Hier werden sie mit über einer Millionen Einwohnern auf engstem Raum sich wie in einem Ghetto fühlen. Nur mit Sondergenehmigung werden Sie diesen Landstreifen, der den Namen Gaza trägt, verlassen können. Alles wird rationiert sein. Sie werden mit ihren Mitbürgern die Aussichtslosigkeit auf einen eigenen Staat teilen. Sie werden von außen von jüdischen Soldaten bewacht werden, die auch manches Mal selbst in Ihr Ghetto kommen, um strafend wegen Selbstbewusstsein behauptender und rebellierender Umtriebe einzugreifen.

Müller: Und warum soll ich dort womöglich als Palästinenser wiedergeboren werden?

Rabbi: Damit Sie einmal fühlen, was Unfreiheit bedeutet.

Müller: Und warum greifen die Großmächte nicht ein?

Rabbi: Die ganze Welt wird unter dem Schock leben, was uns Juden unter den Deutschen angetan worden ist. Man wird alles in die Wege leiten, damit wir einen eigenen Staat bekommen, der schon, wie ich voraussehe, in fünf Jahren Wirklichkeit werden wird.

Müller: Sie sind ja ein Nostradamus oder ein Hanussen, die auch die Zukunft voraussehen konnten. Letzterer hatte angekündigt, dass das Dritte Reich nur zwölf Jahre bestehen werde. Das war Defätismus gegenüber Hitlers Idee eines Tausendjährigen Reiches. Deshalb musste er umgebracht werden. Sollte er Recht behalten, dann würde das Ende des Hitlerreiches in zwei Jahren hereinbrechen.

Rabbi: Genauso wird es sein. Und Sie können sich vorstellen, was dann mit Deutschland geschieht.

Müller: Oh nein, das möchte ich mir nicht vorstellen. Jetzt schon liegen viele Städte in Trümmern.

Rabbi: Das ist erst der Anfang. Hören Sie in den Nachrichten, wie sich die immer noch von der Propaganda als siegreich dargestellten deutschen Truppen weiter und weiter von den Fronten zurückziehen?

Müller: Die Sowjets treiben die Deutschen zurück, und die Amerikaner sind schon in Süditalien, und eine neue Regierung sagt sich dort von uns los.

Rabbi: Die Niederlage lässt sich nun nicht mehr aufhalten. Die Sowjets werden Berlin einnehmen, und Ihr Führer wird sich erschießen.

Müller: Und ich werde in Moskau als Kriegsverbrecher verurteilt.

Rabbi: Sind Sie nicht ein Rad in diesem verbrecherischen System?

Müller: Ja, doch. Ich bin schon frühzeitig der SS beigetreten, habe mir aber damals nicht vorstellen können, zu welchen Aufgaben wir einmal herangezogen werden sollten.

Rabbi: Und von der Judenhetze haben Sie sich anstecken lassen?

Müller: Sie haben uns gegen Ende des Weltkrieges verraten. Sie hetzten unsere Soldaten auf, die Waffen niederzulegen, das Kaisertum zu stürzen und eine Revolution wie in Russland auszurufen, denn dort waren es vornehmlich Juden, die sich dem Bolschewismus verschrieben hatten. Wir fürchteten ein Gleiches in Deutschland. Man denke nur an Karl Liebknecht und Rosa Luxemburg.

Rabbi: Die man heimlich im Berliner Tiergarten erschoss. Inwiefern fühlen Sie sich mitschuldig an der Vernichtung der Juden?

Müller: Mitschuldig sicherlich. Aber schuldig im eigentlichen Sinn nicht. Denn ich habe nur Befehlen gehorcht und als solches meine an mich gestellten Aufgaben pflichtgetreu getan.

Rabbi: Aber zu dieser Tätigkeit als Kommandant hatten Sie sich doch sicherlich beworben?

Müller: Sicherlich. Ich hatte Glück, bei der Polizei als SS-Angehöriger dienen zu können. Denn somit hatte ich die Chance, nicht in der Waffen-SS an die Front dienen zu müssen.

Rabbi: ... und eventuell für Sonderaufgaben hinter der Front bereitzustehen.

Müller: Ja, das stimmt.

Rabbi: Stellen Sie sich einmal vor, Sie seien ein Jude, der nun nach Auschwitz oder in das hiesige Vernichtungslager geschickt wird, um durch Arbeit oder Willkür ausgerottet zu werden, während man seine ganze Familie schon durch Gas umgebracht hat.

Müller: Nein, das will ich mir nicht vorstellen.

Rabbi: Aber wir Juden sind doch genauso Gottes Geschöpfe wie alle anderen Menschen.

Müller: Ja, schon, aber...

Rabbi: Was aber?

Müller: Ihr wart unserem Deutschtum eine Gefahr.

Rabbi: Inwiefern?

Müller: Ihr wolltet uns internationalisieren, sei es durch den Kommunismus oder den Kapitalismus. Das Völkische stand in Gefahr, sich aufzulösen. In Deutschland ließen sich Hunderttausende vom Kommunismus anstecken, und der amerikanische Kapitalismus bescherte uns im Radio Nigger-Jazz und im Kino Hollywoodfilme, die von Juden gedreht worden waren. Man tanzte nach Nigger-Musik und kleidete sich wie die Helden aus Hollywood.

Rabbi: Alles unterliegt dem Wechsel. Nichts bleibt so, wie es ist.

Müller: Alle völkischen Werte drohten verloren zu gehen. Dagegen erhob sich der völkische Selbsterhaltungstrieb.

Rabbi: Der von Hitler propagiert wurde. Er beschwor wie kein anderer, außer seinen Parteifreunden, die jüdische Gefahr. Er vor allem propagierte sie agitatorisch, obwohl der Antisemitismus in Deutschland wie auch in anderen Ländern der Christenheit schon seit Jahrhunderten tiefe Wurzeln geschlagen hatte. Und auf einmal erwachte dieser von Hitler im besonderen Maße aufgeheizte Judenhass, und seine Flammen erfassten Millionen, da diesem Feuer immer größere

Holzscheite der hasserfüllten Demagogie hinzugefügt wurden. Und die Nazipropaganda hetzte Jung und Alt gegen die Juden auf. Ohne Hitler hätte es nie diesen entflammten Antisemitismus gegeben.

Müller: Ja, da stimme ich Ihnen zu.

Rabbi: Was sagen Sie dazu, dass selbst jüdische Professoren, Doktoren und unter ihnen auch sogar Träger des Eisernen Kreuzes, die auf deutscher Seite im Ersten Weltkrieg mitgekämpft hatten, nun vor jedem jungen SS-Schnösel, der eine SS-Uniform trägt, die Mütze zu ziehen haben, da ihnen sonst von solch einem Prügel beschert wird?

Müller: Nun, das ist sicherlich eine bedauerliche Erniedrigung der Persönlichkeit.

Rabbi: Hier im Lager wie auch in anderen Lagern wird uns Juden jegliches Recht auf Persönlichkeit, ja auf Menschlichkeit abgesprochen. Wir werden behandelt wie auszurottende Ratten. Finden Sie das richtig?

Müller: Nein, auf keinen Fall. Es sind bestimmt viele Fehler unsererseits diesbezüglich unterlaufen. Bitte vergeben Sie uns.

Rabbi: Erst muss Ihnen aus tiefstem reuebewusstem Wunsch heraus die Bitte um Vergebung kommen. –

Sich wieder aufrichtend – Nun, der Heilungsprozess ist jetzt erfolgreich in Gang gesetzt worden. Können Sie jetzt schon wieder besser atmen?

Müller: Ja, sicherlich. Ich bin Ihnen zu größtem Dank verpflichtet. Wenn ich irgendetwas für Sie tun darf, dann bin ich gerne bereit, Ihrem Wunsch nachzukommen.

Rabbi: Mein Wunsch für Sie wäre, dass Sie versuchen, noch in diesem Leben einen großen Teil ihre Schuld abzutragen.

Müller: Wie kann ich das machen?

Rabbi: Versuchen Sie, wieder gutzumachen, indem Sie Menschenleben retten. Töten Sie nie wieder. Und wenn Sie es vermögen, dann bitten Sie jene, denen sie, wie Sie sich ausdrückten, Härte zugefügt haben, um Vergebung.

Müller: Wie sollte ich das machen?

Rabbi: Bereuen Sie aus tiefstem Herzen und bitten Gott um Vergebung. Stellen Sie sich dann geistigen Auges vor, Sie hätten in Ihren Händen einen Kelch mit einer Flüssigkeit darin, die Leid und Schmerz aufzulösen vermag. Dann begeben Sie sich in ihrer Vorstellung zu der oder den betreffenden Personen, reichen ihnen den Kelch und bitten sie aus tiefstem Herzen um Vergebung. Wenn Sie das durchzuführen vermögen, wird zum Beispiel Ihr Aufenthalt im Moskauer Gefängnis nicht mit übergroßen körperlichen Qualen verbunden sein.

Müller: Ich werde über alles, was Sie mir sagen, nachdenken. Auf jeden Fall danke ich Ihnen für Ihre Hilfe.

Rabbi: Es gibt keine Sünde, die einen ewig von Gott trennt. Ich werde für Sie beten, dass Ihnen nicht alles das zugefügt wird, was Sie direkt oder indirekt anderen zugefügt haben. Gute Besserung. Auf Wiedersehen, vielleicht in einer schöneren Welt.

29. Szene

Der Rabbi kommt am Bett eines anderen SS-Mannes vorbei.

Standartenführer: Ach, Herr Rabbi! Kommen Sie doch bitte nochmals zu mir.

Rabbi: Sie hatte ich doch schon vor einigen Monaten behandelt?

Standartenführer: Damals hatte ich schlimmsten Durchfall. Nachdem Sie mir die Hände aufgelegt hatten, war er wie durch Zauberei verschwunden. Jetzt habe ich eine Knieverletzung. Einer dieser Aufständischen der Widerstandsbewegung hat aus dem Hinterhalt mit einer Kugel mein Bein getroffen. Würden Sie mir bitte wieder Ihre Hände auflegen, damit das Bein schneller heilen kann?

Rabbi: Aber gern doch.

Er beugt sich über das ihm dargebotene bandagierte Bein und lässt seine Hände darüber gleiten.

Standartenführer: Wie gut, dass wir Sie hier haben. Sie haben mir damals über die Wiedergeburt einiges erzählt. Ich habe viel darüber nachdenken müssen. Als kleiner Junge soll ich zu meiner Mutter gesagt haben: „Früher war ich deine Mutter. Und du warst immer ungezogen." Und alle haben mich ausgelacht.

Rabbi: Aus Kindermund kommen oft Wahrheiten, die Erwachsene nicht einzuordnen wissen und daher als kindliche Spinnereien abtun.

Standartenführer: Kann das sein, dass ich in einem früheren Leben wirklich die Mutter meiner jetzigen Mutter gewesen war?

Rabbi: Ja. Im Durchschnittwechseln wirnach fünf Inkarnationen unser Geschlecht. Jedoch hängt das von unserem freien Willen ab beziehungsweise von den fürsorglichen Empfehlungen weiser Berater, denen wir zugestimmt haben. Wenn wir zum Beispiel als Mann eine Frau vergewaltigten, kann es sein, das wir uns aus Selbsterfahrungsgründen dazu entscheiden, schon im anschließenden Erdenleben eine Frau zu sein, die dann ein dementsprechendes Schicksal erfahren muss.

Standartenführer: Oh weh, was wird dann auf mich in einem nächsten Leben zukommen, wo ich sicherlich in diesem Leben so manchen Menschen Unrecht oder sogar Schrecklicheres zugefügt habe, besonders euch Juden, denen wir quasi das Recht, Mensch zu sein, abgesprochen haben?

Rabbi: Sie werden in ihrem nächsten Leben alles wieder gutzumachen versuchen. Wie ich sehen kann, werden Sie nach dem Krieg vor ein polnisches Kriegsgericht gestellt und zum Tod durch den Strang verurteilt. Aber Sie werden in dem Jahr des neugegründeten Staates Israel dort als Sohn eines von Ihnen hier Gequälten wiedergeboren werden. Und wenn sie 19 Jahre alt sind, werden Sie im großen Krieg gegen die Araber tödlich verwundet werden. Es wird Ihre Entscheidung vor Antritt in ein neues Erdenleben sein, durch Ihren Einsatz als israelischer Soldat einen Teil Ihrer großen Schuld den Juden gegenüber wieder gutzumachen.

30. Szene

Im Besprechungsraum der Kommandantur des neuen Lagerkommandanten Obersturmbannführer Martin Weiß. Es ist die letzte Woche des Oktobers 1943. Versammelt sind die beiden SS-Ärzte, der Lagerführer Thumann, der Chef der Krematorien Muhsfeldt, SS-Männer der politischen Abteilung, sowie einige andere ranghohe SS-Offiziere verschiedener Aufgabenbereiche.

Kommandant: Meine Herren, ich als ihr neuer Kommandant habe Sie heute hierher beordert, da uns eine sehr wichtige Aufgabe bevorsteht. Aus dem Reichssicherheitshauptamt erhielt ich folgende Weisung, die unser Führer... Heil Hitler!...

Alle strecken wie dieser den Arm mir der flachen Hand in Stirnhöhe nach vorn aus und rufen: „Heil Hitler!"

Kommandant: ... ich erhielt folgende Weisung, die unser Führer angeordnet hat. Bis Ende des Jahres darf kein Jude im Generalgouvernement mehr leben.

SS-Mann: Aber es haben von den liquidierten Millionen nur noch ganz wenige überlebt?

Kommandant: Aber immer noch leben bei uns und in anderen Lagern sowie in einigen Ghettos über 100.000 Juden. Sie alle müssen erledigt werden. Der Reichsführer-SS, unser verehrter Heinrich Himmler, hat mir durch den SS-und Polizeioberführer in Lublin bei unserem Gespräch vor einigen Tagen mitteilen lassen, dass wir die Sache ohne Verzug, also so schnell wie möglich, über die Bühne zu bringen haben. Mit ihm habe ich weiterhin vereinbart, dass wir für diese Aktion den nächsten Mittwoch, also den 3. November, vorsehen. Folgendes haben wir beschlossen: Alle Juden aus der Lipowastraße, der Burg und aus unseren anderen Außenlagern werden in den frühesten Morgenstunden mit LKWs vor das Hauptlagertor gebracht und von dort in das Feld V geführt.

Während er das erklärt, zeigt er mit einem Stock an die an der Wand hängende Lagerkarte.

Die Männer von Feld V werden auf das Feld I umgelegt, doch alle Juden bleiben dort. Auch die Jüdinnen und die noch verbliebenen Kinder aus den anderen Feldern kommen dorthin. Ebenso werden die aus den Außenlagern Kommenden dort eingegliedert. Die Zahl unserer jüdischen Häftlinge hier beläuft sich auf etwa 4.500. Die Zahl der aus den anderen Lagern uns zugeführten Juden liegt bei zirka 13.000. Während der Liquidierung werden wir das Lager von mehreren Außenposten umstellen lassen. Für alle anderen Häftlinge gilt an diesem Tag Blocksperre. Keiner darf seinen Block verlassen. Thumann, Sie werden schon ab morgen ein Tages- und ein Nachtkommando von je 150 Mann zusammenstellen, die 300 etwa 100 Meter lange Zickzackgräben von drei Meter Tiefe und drei Meter Breite ausgraben.

Thumann: Jawohl, Herr Kommandant. Welche Männer soll ich dafür auswählen?

Kommandant: Nur Juden, denn sie werden ihr eigenes Grab zu schaufeln haben.

SS-Mann: Sehr richtig.

Ein **SS-Mann:** Wir haben auch im Lager an der Lipowastraße jüdische Häftlinge, die in der polnischen Armee gedient haben. Nach dem internationalen Abkommen über die Behandlung von Kriegsgefangenen dürfen sie nicht getötet werden.

Kommandant: Reden Sie nicht solch einen Unsinn, Mann! Die Sowjets erschießen auch jeden, den sie von unseren SS-Männern an ihrer tätowierten Blutgruppennummer erkennen. Ebenso werden unter den russischen Kriegsgefangenen auf des Führers Kommissarbefehl hin alle Parteimitglieder und alle Juden erschossen. Nun, weiter. Sollten Zivilisten nachfragen, warum Gräben ausgehoben werden, wird ihnen gesagt, dass es sich um Luftschutzgräben handelt. Diese Gräben werden etwa 50 Meter hinter dem Feld V und neben dem neuen Krematorium entstehen. Für die Nachtarbeit sind Strahllampen aufzustellen. Sie müssen in drei Tagen diese Arbeit erledigt haben.

Thumann: Jawohl, Herr Kommandant.

Kommandant: Alle Juden von außerhalb, die auf Lastwagen ankommen, werden zum Feld V geführt und in Gruppen von je 100 Personen zur Waschbaracke geleitet. Dort werden sich Frauen mit Kindern und Männer von einander getrennt ganz ausziehen. Durch den dann durchgetrennten Zaun, dessen elektrische Ladung für diese Aktionabgestellt bleibt, führt man die Nackten zu den Gräben. Sie haben dort hineinzusteigen und sich hineinzulegen. Alsdann werden sie mit Maschinengewehrsalven und gezielten Gewehrkugeln erschossen, und zwar in gleicher oder ähnlicher Weise, wie derlei Aktionen bisher – wie man mir berichtete – in Zusammenarbeit mit Hilfssoldaten im Krepiecer Wald durchgeführt wurden. Nachdem die erste Schicht in den jeweiligen Gräben liegt, wird Kalk mit Sand vermischt auf sie gestreut, damit kein Leichengeruch hochsteigen kann. Alsdann wird die zweite Schicht mit zu liquidierenden Nackten belegt, dann die dritte und vierte und so weiter, ich schätze an die zehn Schichten, bis die ganze Aktion beendet ist. Ich denke, dass wir mit der Erschießung der rund 18.000 Männer, Frauen und Kinder vor Dunkelheit fertig sein dürften.

Dr. Rindfleisch: Aber wir müssen die jüdischen Facharbeiter aussparen, denn die sind nicht zu ersetzen.

Kommandant: Das stimmt zwar leider. Aber Befehl ist Befehl. Und dieser lautet, alle Juden, und ich betone nochmals, alle Juden, sind ohne Ausnahme zu liquidieren. Die Leichen werden innerhalb der darauffolgenden zwei Wochen alle wieder ausgebuddelt und im neuen Krematorium nach und nach verbrannt. Die Asche ist dann auf den Gemüsefeldern zu verteilen. Sie, verehrter Herr Oberscharführer, sind Chef auch des neuen Krematoriums, das nun seit einem Monat in Betrieb ist. Sie haben es schon erprobt. Wie hoch ist seine Leistung? Schaffen wir es, die Liquidierten bis Ende November alle verbrannt zu haben?

Muhsfeldt: Das dürfte kein Problem sein, auch wenn wir die beiden Öfen des alten Krematoriums nicht mehr wegen Knappheit des Dieselöls gebrauchen dürfen, da dieses für die Panzer an der Front dringend benötigt wird. Hatten die beiden Öfen im alten Krematorium bei voller Tages- und Nachtleistung 200 Leichen verbrannt, so werden die neuen Öfen mit Koks auf Hochtouren gebracht. Diese Art von Verbrennungsöfen sind in Auschwitz getestet worden. Bei einer Temperatur von zirka 1.500 Grad können hier, wie genaue Berechnungen lauten, in den fünf Öfen 1.920 Leichen innerhalb von 24 Stunden eingeäschert sein. In jeden Ofen werden auf einer Eisenstangenbahre jeweils vier Körper gelegt. Um sie besser stapeln zu können, werden die Beine und Füße abgehackt. Der eigentliche Verbrennungsvorgang beträgt nur 12 Minuten. Auch könnten wir, um diese Arbeit zu beschleunigen, weiterhin Scheiterhaufen zur Verbrennung einsetzen.

Kommandant: Das klingt gut. Ich verlasse mich auf Ihre Zuverlässigkeit. Ich habe mit dem SS-und Polizeioberführer abgesprochen, dass er uns zusätzlich eine Hundertschaft von SS-Leuten schickt, die an dieser Aktion teilnimmt. Ich weiß, dass es leider für unsere Männer eine besonders schwere Aufgabe ist, auch Frauen und Kinder zu erschießen. Ich habe großes Mitgefühl mit unseren Leuten. Aber was zu sein hat, soll auch geschehen. Sicherlich jedoch befinden sich schon viele hartgesottene Männer unter ihnen, die diesen Aufgaben aus Erfahrung gewachsen sind. Wir dürfen kein Mitgefühl aufkommen lassen. Aber das brauche ich Ihnen ja nicht zu sagen. Mit dieser Aktion und parallel mit dieser gleichzeitig in anderen Lagern vorzunehmenden Liquidierung ist die Judenfrage im Generalgouvernement endlich gelöst.

1. SS-Mann *leise zu seinem Nebenmann*: Dann sind wir endlich mit dieser Judenplackerei zu Ende.

2. SS-Mann: Gott sei Dank. Aber hoffentlich müssen wir dann nicht an die Front. Dann lieber Juden erschießen als selber erschossen werden.

1. SS-Mann: Ja, du hast recht. Aber sicherlich gibt es auch hier noch für uns genug zu tun.

Kommandant: Während der Aktion werden wir durch Lautsprecher von zwei Lastwagen herab Musik dröhnen lassen, um die Schüsse zu übertönen.

3. SS-Mann: Welche Musik soll erschallen? Marschmusik?

Kommandant: Darüber werden wir noch befinden, aber keine Marschmusik. Es muss etwas Fröhliches sein. Vielleicht Tanzmusik.

Muhsfeldt: Ich habe eine Platte mit Wiener Walzern. Zum Beispiel „An der schönen Blauen Donau" oder „Wiener Blut".

4. SS-Mann: Ja, das ist gut. Denn vielleicht sind ja unter den zu Liquidierenden auch Vollblutwiener.

Allgemeines Gelächter.

Kommandant: Ja, das ist eine gute Idee, Muhsfeldt. Also werden wir diese Aktion mit Walzerklängen durchführen. Und nun, meine Herren, noch etwas. Wir haben in den Ghettos Bialystok und Glubokoje wie auch in den Vernichtungslagern Treblinka und Sobibor Aufstände gehabt. Die Davongekommenen haben Organen des Untergrundwiderstandes ihre Erlebnisse erzählt. Diese Berichte sind wohl über Schweden den Alliierten zugeführt worden, die sie in die ganze Welt hinausposaunen. Die ganze feindliche Weltpresse ist empört. Der Reichsführer ließ uns durch das RSHA wissen, dass der Führer und er darüber sehr erbost waren und den betreffenden Lagerkommandanten die Schuld zuwiesen. Es darf – so die Anordnung des Reichsführers – späterhin kein Leichnam mehr im Boden aufzufinden sein, damit bei Ausgrabungen keine exhumierten Leichen mit Einschüssen wie in Katyn nachzuweisen sind.

Thumann: Jawohl, wir verstehen.

Kommandant: In der polnischen Bevölkerung, obwohl sie die Juden hassen, hat es sich leider schon weithin herumgesprochen, was wir mit ihnen machen. Jetzt wendet sich das Blatt. Sie sind doch nun empört, dass wir alle Juden der Endlösung zuführen. Es dürfen also von nun ab keine Geschehnisse mehr nach draußen dringen. Der Widerstand der Polen verbreitet sich immer mehr. Wir müssen also alles unternehmen, um einem Aufstand hier im Lager vorzubeugen. Die Aufständischen waren zum größten Teil Juden. Deshalb müssen wir sie so schnell wie möglich erledigen, bevor sie mit Hilfe der Widerstandsgruppen von außen etwas unternehmen. Denn die Häftlinge sind nicht nur ermutigt zu solchen Vorhaben durch jene beiden Aufstände in Treblinka und Sobibor samt dem Entkommen von einigen, sondern sie fühlen, dass unsere Fronten zusammenbrechen, denn die Sowjetarmeen drängen unsere Armeen zurück, und der Amerikaner hat schon in Süditalien Fuß gefasst, wiewohl auch eine Gegenregierung dort ausgerufen wurde, die die Unverschämtheit besitzt, uns, ihren Waffenfreunden, den Krieg zu erklären. Außerdem arbeitet die polnische Widerstandsorganisation schon heimlich mit einigen der hiesigen Insassen zusammen. Wir müssen verhindern, dass heimliche Gruppenbildungen entstehen. Thumann, lassen Sie solcherlei Gruppierungen durch Prügel auseinander treiben und eventuelle Rädelsführer erschießen.

Thumann: Jawohl, Herr Kommandant.

Kommandant: Auch sollen bei jedem Tor die Kommandos nach heimlichen Kassibern durchsucht werden. Wer mit einem geheimen Zettel gefunden wird, ist auf der Stelle zu erschießen, schon allein als Abschreckung für weitere derartige Verstöße. Ach, da fällt mir noch ein. Dr. Rindfleisch...

Dr. Rindfleisch: Ja?

Kommandant: Der Polizeioberführer hat mich darauf hingewiesen, dass vielleicht einige der zu Erschießenden vorher Goldringe oder Edelsteine geschluckt haben mögen, um es späterhin wieder aus dem Kot herauszusuchen, da sie ja nicht wissen, dass der Gang am Mittwoch in unser Lager ihr letzter ist. Es wäre also wichtig, vor der Einäscherung jeden Darm zu öffnen, um nach Wertgegenständen zu forschen.

Dr. Rindfleisch: Eine stinkige Angelegenheit. Aber ich werde mit einem Kommando diesem Befehl nachkommen.

Kommandant: Und ich möchte im Besonderen darauf hinweisen, dass Sie alle, wo auch immer Sie eingesetzt sein werden, keine Wertsachen der Liquidierten an sich nehmen. Sie wissen, was mit meinen Vorgängern Koch und Florstedt passiert ist, die vor das SS-Sondergericht in Kassel gestellt worden sind. Das eigenmächtige Aneignen von Wertsachen der Häftlinge oder der Liquidierten ist Diebstahl an unserem Volk. Selbst die Mitnahme einer Zahngoldfüllung ist ein Delikt. Und das Kassler SS-Gericht hat schon Hunderte derlei Vergehen bestraft. Also seien Sie gewarnt. Und bitte, bringen Sie alle diesbezüglich von Ihnen aufgedeckten Vergehen mir zur Meldung. Und noch eines.

Da wir jetzt durch den Wegfall an jüdischen Spezialarbeitern Mangel an solchen haben, achten Sie darauf, dass keiner der übrigen Häftlinge, die wir unbedingt als Spezialisten brauchen, durch Achtlosigkeit des Bewachungspersonals arbeitsunfähig wird.

Thumann: Ja, wir werden darauf achten.

Muhsfeldt: Gibt es schon ein geheimes Codewort für die Mittwochsaktion?

Kommandant: Ja. Doch dieses bleibt streng geheim. Der Polizeiführer hat dafür den Ausdruck „Erntefest" vorgeschlagen.

2. SS-Mann: Ein treffender Ausdruck.

Andere stimmen zu.

Kommandant: Und nun, meine Herren, greifen Sie zu einem bereits gefüllten Sektglas.

Ein jeder nimmt ein solches in die Hand.

Kommandant: Und nun erheben wir die Gläser und stoßen an auf ein gelungenes Erntefest.

Alle prosten mit ihren Sektgläsern einander zu.

Kommandant: Und verneigen wir uns auch vor unserem großen Führer und Feldherren Adolf Hitler auf dessen Bild an der Wand weisend mit einem „Deutschland Sieg heil!" und „Heil Hitler!"

Alle lauthals dieser Aufforderung nachkommend „Deutschland Sieg heil! Sieg heil! Sieg heil! Heil Hitler!"

31. Szene

Es ist Montagvormittag. Der tschechische Arzt, Doktor Landesmann, hantiert in der Revierapotheke des Blocks 15 im Feld V, wohin man das Männerkrankenrevier verlegte, nachdem die Frauen samt ihren Kranken auf das Feld I umquartiert worden waren. Itzak kommt plötzlich aufgeregt zur Tür herein.

Itzak: Herr Doktor, ...

Dr. Landesmann: Was gibt es? Du bist ja ganz aus der Puste. Verfolgt dich jemand?

Itzak: Nein, ich komme vom Block 22. Durch das kleine Klofenster, wo wir heimlich den Bau des Krematoriums und gelegentliche Hinrichtungen beobachten konnten, sah ich heute Morgen noch bei Dunkelheit, wie etwa 100 bis 200 Mann bei grellem Lampenschein Gräben schaufeln. Was hat das wohl zu bedeuten? Baut man Luftschutzgräben?

Dr. Landesmann: Nun, das kann wohl sein, muss man doch damit rechnen, dass die alliierten Flieger bald auch hier ihre Bomben abwerfen könnten.

Itzak: Aber, wie ich erkennen konnte, bestand das Kommando nur aus Juden. Sonst sind doch die Kommandos aus Juden und Nichtjuden zusammengesetzt?

Dr. Landesmann: Nicht immer. Du weißt, bei besonders schwierigen Aufgaben nimmt man lieber Juden.

Itzak: Ja, bei Todeskommandos, wie jene, die die Vergasten aus den Kammern auf die Leichenwagen legen mussten und sie zu dem alten Krematorium zu ziehen hatten.

Dr. Landesmann: Sei froh, dass du kein Jude bist, die man von Feld III für dieses Luftschutzkommando zusammengestellt hat.

Itzak: Doktor, ich möchte mich bei Ihnen bedanken, dass Sie mich als Hilfssanitäter aus der Lagerhölle von Feld III herausgeholt haben.

Dr. Landesmann: Das hast du unserem Heilerrabbi zu verdanken. Er hat Thumann gebeten, dich als Hilfssanitäter hierher zu verlegen. Er zeigt auf eine große Flasche Hier nimm dieses Mittel gegen Krätze und gehe zu den von dieser entsetzlichen Krankheit Befallenen und reibe ihnen die betreffenden Körperstellen ein.

Itzak: Werde ich denn dann nicht auch diese Krätze bekommen?

Dr. Landesmann: Wir Ärzte und Sanitäter sind dagegen schon immun geworden. Wir haben uns rechtzeitig eingerieben. Deshalb reibe dein Gesicht, deine Hände und Arme auch zuerst mit dieser Flüssigkeit ein.

Itzak: Ja, das werde ich gleich tun.

Dr. Landesmann: Hier, nimm diese Tücher zum Einreiben mit.

Itzak nimmt sie in die Hand, hebt mit der anderen den Glasbehälter hoch und begibt sich zur Tür. Dort begegnet er dem Rabbi.

Rabbi: Wie schön, Itzak, dass du jetzt auf dem Krankenrevier tätig sein kannst. Hier gibt es für die Revierangestellten wenigstens ein bisschen bessere Rationen.

Itzak: Ich danke Ihnen, verehrter Rebbe, dass Sie es erreichten, dass ich hier untergekommen bin. Haben Sie Ronia auf dem Feld I gesehen?

Rabbi: Ja. Ich soll dir wie üblich Grüße bestellen und dir sagen, dass sie immer an dich denkt und für dich betet. Sie hat jetzt eine leichtere Arbeit gefunden. Außerdem ist die Blutige Brygida in ein anderes Lager versetzt worden.

Itzak: Dafür werde ich noch im Gebet dem Allmächtigen extra danken. Ich habe gestern Abend meinen Freund Frederic aus Trawniki getroffen. Wir haben uns für morgen Abend hinter dem Block 16 verabredet. Ich bin gespannt, wie er es geschafft hat, nun in eine SS-Uniform zu schlüpfen.

Rabbi: Wie ich plötzlich voraussehe, wird dieses Gespräch ein ungutes Ende haben.

Itzak: Wir waren richtige Freunde, ja eigentlich wie Brüder zueinander. Ich freue mich schon auf dieses Treffen. Ich muss jetzt zu den Krätzekranken gehen. Er verlässt den Raum.

Dr. Landesmann: Seien Sie willkommen, lieber Rabbi. Haben Sie schon vernommen, was die SS neben dem neuen Krematorium von einem Sonderkommando ausführen lässt?

Rabbi: Ja, ich weiß bestens Bescheid.

Dr. Landesmann: Woher? Haben Sie mit Thumann gesprochen? Was wissen Sie?

Rabbi: Nicht direkt. Aber ich war letzte Woche bei der großen Besprechung in der Kommandantur dabei.

Dr. Landesmann: Wieder einmal außerkörperlich, wie Sie mir das einmal erklärt haben?

Rabbi: Ja. Ich habe die ganze Unterredung mitverfolgt. Ich habe einem SS-Mann zuraunen können, zur Sprache zu bringen, dass man doch nicht jüdische Soldaten, die Anfang des Krieges als Polen gegen die Deutschen gekämpft hatten und dann gefangen genommen wurden, ebenfalls erschießen darf, da das gegen das Genfer Abkommen über die Behandlung von Kriegsgefangenen verstoße.

Dr. Landesmann: Und? Haben Sie etwas bewirken können?

Rabbi: Selbstverständlich nicht, da man sich auf den ausdrücklichen Führerbefehl berief, alle Juden im Generalgouvernement zu liquidieren.

Dr. Landesmann: Also sind meine Ahnungen doch richtig. Wir Juden werden der endgültigen Vernichtung preisgegeben. Itzak glaubt noch, dass die Gräben draußen gegen Fliegerangriffe bestimmt seien. Doch da nur Juden diese Gräben ausheben, wie er mir berichtete, ist mir sofort klar geworden, dass sie unsere Gräber schaufeln und somit auch ihre eigenen Totengräber sein werden.

Rabbi: Wir müssen aber unser Wissen für uns behalten, sonst wird sich jetzt schon eine allgemeine Panik ausbreiten. Sie wird sowieso übermorgen, wenn allen bewusst geworden sein wird, was eigentlich geschieht, ein entsetzliches Höchstmaß erreichen. Denn eine Hundertschaft von einem zusätzlichen SS-Sonderkommando wird morgen Abend und übermorgen früh hier eintreffen. Etwa 18.000 Juden, Männer, Frauen und Kinder inklusive unserer hiesigen jüdischen Häftlinge werden in den jetzt gegrabenen Gräben liquidiert. Eine Tanzmusik zur Überschallung der Maschinengewehrsalven wird die Exekutionen zu übertönen versuchen.

Dr. Landesmann: Also, Mittwoch ist es soweit. Ich werde mich auf jeden Fall nicht von diesen Barbaren erschießen lassen. Ich habe schon für einen derartigen Fall Vorsorge getroffen. Wollen Sie auch eine Zyanidkapsel?

Rabbi: Danke. Ich werde bei passender Gelegenheit rechtzeitig am Mittwoch aus dem Körper steigen. Er mag zu Asche werden. Er ist nur wie ein Kleid, das ich dann ablege. Irgendwann, wenn meine Seele wieder auf der materiellen Daseinsebene benötigt wird, werde ich mir ein neues Erdenkleid besorgen, um unter den Menschen zu wandeln.

Dr. Landesmann: Sie, verehrter Rabbi, haben die Kunst erlernt, nicht nur nach Belieben aus dem Erdenkleid zu schlüpfen, sondern in die Vergangenheit und in die Zukunft zu sehen.

Rabbi: Es gelingt mir nicht immer. Entweder wird mir etwas aus höheren Quellen zugeraunt, oder ich erhalte direkt Bilder. Doch die Methode, in seine eigene Vergangenheit zu schauen – und erstrecke diese sich in viele der früheren Leben hinein –, wird sicherlich in einigen Jahrzehnten für jeden, der sich darum bemüht, zu erlernen sein. Damit kann man seinen ganzen Werdegang vom ersten Erdenleben als Mensch bis zum gegenwärtigen Tag erkunden und sehen, welche Fehler man in abgelebten Zeiten begangen hatte, um sie nicht zu wiederholen. Die Zukunft samt den zukünftigen Leben zu erschauen, wird bedeutend schwerer sein.

Dr. Landesmann: Sehen Sie hier. Er deutet auf eingeritzte Zeichen an der Holzwand. Hier waren Kinder vor ihrer Vergasung untergebracht. Sie haben mit einem Stift und auch mit einem Nagel die Formen von Schmetterlingen gemalt oder eingeritzt. Ob sie schon geahnt hatten, dass sie nach dem Tod auffliegen werden wie ein sich aus der Entpuppung befreiter Schmetterling?

Rabbi: Ja, Kinder sind meist viel intuitiver als Erwachsene. Ihnen wurde als Trost schon die Vorahnung eines höheren und schöneren Lebens in einer von Ängsten und Nöten freien lichtvollen Welt gezeigt.

Dr. Landesmann: Sagen Sie, lieber voraussehender Rabbi, was wird mit dem deutschen Volk passieren, nachdem Hitler und der gesamte Nazispuk nach einem verlorenen Krieg, der sich Gott sei Dank immer mehr abzeichnet, kapituliert hat? Wird Hitler vor Gericht gestellt?

Rabbi: Nein, er wird sich selbst mit der Pistole richten. Und die verlogene Goebbelspropaganda wird berichten, dass der geliebte Führer heldenhaft bis zum letzten Tag mit der Waffe in der Hand vor dem Feind gefallen sei. Die Alliierten Mächte werden Deutschland in vier Teile aufteilen. Und dem deutschen Volk mit seinen vollkommen zertrümmerten Städten wird nun offenbart, was die SS auf Hitlers und Himmlers Befehl alles an grausamen Verbrechen insbesondere an den Juden und Zigeunern begangen hat. Man wird es nicht glauben wollen. Es war doch ihr Führer, der sie als Masse zu Begeisterungsstürmen mitgerissen hatte. „Nein", so werden viele sagen, „so etwas hat unser geliebter Führer sicherlich nicht gewollt. Wenn das Grässliche tatsächlich geschehen sein sollte, dann war dafür allein nur Himmler verantwortlich."

Dr. Landesmann: Hitler hat ja leider viele Attentate überlebt.

Rabbi: Ja, eine ganze Anzahl. Und das letzte wird im nächsten Sommer auf ihn verübt werden. Aber auch dieses heftigste wird ihn nur leicht verletzten, jedoch nicht töten. Er glaubt, dass die Vorsehung ihn beschützt und ihn von einem Ausländer, der er als Österreicher vorerst war, zum absoluten Diktator eines anderen Landes hochsteigen ließ.

Dr. Landesmann: Des Führers Stellvertreter Rudolf Hess verkündete lauthals nach einem missglückten Attentat auf seinen idealisierten

Mentor, er sei ein Medium höherer Mächte. Hat etwa wirklich eine höhere Macht ihn gelenkt, ihn beschützt und alles, was er machte, so vorgesehen?

Rabbi: Wenn wir zurück in die höheren Welten von Gottes Schöpfung kommen, wird uns alles erklärt werden.

Dr. Landesmann: Ist es nicht eigenartig, dass er, dieses Monstrum von Ungeheuerlichkeit, im Landsberger Gefängnis, also auf seinem Karrieretiefpunkt, sein Machwerk ‚Mein Kampf‘ schrieb und darin vermerkte, dass die Juden Schuld am verlorenen Krieg gewesen seien und dass man 12.000 bis 15.000 von ihnen hätte rechtzeitig vergasen müssen? Wurde ihm damals schon eingegeben, dass er einmal Millionen von Juden vergasen lassen würde?

Rabbi: Die sich steigernde Radikalisierung seines Judenhasses lässt solche Gedankengänge sicherlich vermuten.

Dr. Landesmann: Inwiefern trägt das deutsche Volk Mitschuld?

Rabbi: Das deutsche Volk wurde nach Strich und Faden verführt und belogen. Um nur ein Beispiel zu geben. Propagandaminister Goebbels ließ die Zeitungsjournalisten schreiben, dass nachts oben im Reichskanzleramt das Licht brenne, weil der geliebte Führer dort wacht, damit das deutsche Volk in Frieden leben kann. Dabei sah er sich Unterhaltungsfilme an.

Dr. Landesmann: Aber die Kristallnacht mit dem Anzünden aller Synagogen in Deutschland ließ sich doch nicht weglügen?

Rabbi: Die eine Hälfte des Volkes war sicherlich entsetzt. Die andere Hälfte, und darunter vor allem die Jugend, denen der Antisemitismus in der Hitlerjugend und im Bund deutscher Mädels eingetrichtert worden war, beteiligten sich oft an den Schmähungen gegen unser Volk, das man als Fremdkörper betrachtete. Dabei hatten zum Beispiel jene, die auf dem Lande wohnten, noch nie einen Juden gesehen. Doch die Hetzschrift „Der Stürmer" brachte sie ihnen in hässlicher Geschichtsverzerrung näher.

Dr. Landesmann: Nun, den „Stürmer" gab es auch bei uns in Prag zu kaufen. Warum musste gerade dem deutschen Volk ein Hitler beschert werden, der es für seine schmutzigen Wahnideen ausnutzte, und nicht dem englischen oderdem französischen Volk?

Rabbi: Die Franzosen hatten schon mit der Dreyfus-Affäre ihren Antisemitismus dämpfen können.

Dr. Landesmann: Doch könnte ich mir vorstellen, wenn die Vereinigten Staaten von Amerika einen Hitler gehabt hätten, der gegen die schwarze Bevölkerung in gleicher Weise vorgegangen wäre, wie der deutsche Führer gegen uns Juden vorgeht, dann würden sicherlich genügend Mithelfer bereitgestanden haben, die Schwarzen und Halbschwarzen nicht nur zu diffamieren, sondern bei Tötungsaktionen wie auch bei einer Vergasung mitzumachen.

Rabbi: Ja, etwa in jedem Volk gibt es zehn Prozent vor allem Männer, die für derlei Gemeinheiten an der Mitbevölkerung durch Vorurteile zu mobilisieren sind. Bei den Deutschen setzen sich diese zehn Prozent aus den SS-Kadern und anderen fanatischen Parteimitgliedern zusammen. Jedes Volk ist durch staatlich geförderte Propaganda verführbar. Es ist leichter, Mitläufer zu werden, als selbst zu denken. So können propagierte Ideologien wie der Nationalismus und der Kommunismus die Massen für sich vereinnahmen. Die Führer solcher Ideologien geben die zu befolgenden Inhalte vor. Das ist für den Einzelnen praktisch, denn dann braucht er nicht mehr selbst zu denken. Ideologien radikalisieren und verabsolutieren sich, grenzen sich gegen andere Ideologien ab und bekämpfen sie. Ideologien kann man nur durch verlorene Kriege desillusionieren. Übrigens wird mir gerade mitgeteilt, dass der Rassismus in den Vereinigten Staaten sich immer mehr auflöst, sodass man schon in 70 Jahren einen Schwarzen zum Präsidenten wählen wird.

Dr. Landesmann: Was für ein Fortschritt in der ethischen Entwicklung der Menschheit! Und vielleicht hat die jetzige Verfolgung und Ermordung der jüdischen Rasse, als die Hitler uns agitatorisch anprangert, mit dazu beigetragen, dass auch alle Rassendiskriminierungen nicht nur in Deutschland, sondern auch in der ganzen Welt ein Ende haben werden. Dann wird dieser Völkermord doch auch etwas Sinnvolles bewirkt haben. Wird nicht die ganze Welt nach dem für die Deutschen verlorenen Krieg sich mit Abscheu von ihnen wenden?

Rabbi: Ja und Nein. Denn es gibt viele Völker, nicht nur dort, wo der Antisemitismus grassiert, die das deutsche Volk trotz der entsetzlichen, für viele nicht nachzuvollziehenden Grausamkeiten bewundern, dass sie praktisch gegen die ganze Welt einen Krieg initiierten und die bestehenden Ordnungen in der Welt durcheinander brachten. So werden England und Frankreich als Kolonialmächte nach und nach ihre Kolonien in die Unabhängigkeit führen müssen, und das kapitalistische Amerika wird der Kontrahent der kommunistischen Sowjetrepublik sein, die sich gegenseitig ideologisch bekämpfen und mit der bald auf beiden Seiten entwickelten atomaren Bombe bedrohen werden.

Dr. Landesmann: Wird es dann wieder einen Weltkrieg geben?

Rabbi: Die Angst vor der möglichen gegenseitigen Zerstörung verhindert einen dritten Weltkrieg. Und der sowjetische Kommunismus wird sich nach 70-jähriger Dauer von allein auflösen.

Dr. Landesmann: Aber wir Juden werden Deutschland verachten und es nie wieder betreten?

Rabbi: Das trifft für die meisten der Überlebenden sicherlich zu. Aber schon in der zweiten oder dritten Generation werden die politischen und aus der Vergangenheit stammenden Ressentiments aufgelöst sein.

Dr. Landesmann: Deutschland war für uns Juden die Wiege der Zivilisation und der Kultur. Und viele Hunderte von uns Juden – man denke nur an die Schriftsteller, Künstler und Musiker – haben mit dazu verholfen, diese Kultur zu fördern und ihr noch mehr Glanz zu verleihen. Jetzt wird für lange Zeit kein jüdischer Künstler Deutschland mehr aufsuchen. Deutschlands Kulturbonus ist dahin. Denn es ist nicht mehr das Land der Genies, sondern nun das Land der Barbaren. Wir werden dem deutschen Volk niemals vergeben können.

Rabbi: Schon bald nach dem verlorenen Krieg wird der jüdische Geiger Jehudi Menuhin in Deutschland wieder auftreten und den Deutschen die Hand zur Versöhnung entgegenstrecken. Und viele Deutsche werden bei diesem Konzert gerührt sein und Tränen der Scham und Reue vergießen. Doch das, was die Deutschen den Juden angetan haben, wird als das schlimmste Verbrechen in der Geschichte der Menschheit bestehen bleiben. Der Schock wird auch so groß unter den nachfolgenden deutschen Schriftstellern sein, dass man vermeidet, über das Grauen zu schreiben, sondern es nur am Rande berührt. Doch wird es wichtig sein, dass auch diese Schriftsteller sich diesem Thema stellen und sich nicht scheuen, die abscheulichen Verbrechen darzustellen. Ich werde versuchen, den ein oder anderen mutigen Schriftsteller deutscher Feder dazu zu bewegen, über diesen Völkermord in ungeschminkter Form zu schreiben. Ein Schriftsteller hat das Gewissen seiner Nation zu sein, wenn nicht gar der Menschheit.

Dr. Landesmann: Ich hoffe, nach meiner Wiedergeburt in Österreich, wie Sie mir versicherten, solch ein schriftstellerisches Werk dann in der Hand zu halten.

Rabbi: Ja, ich werde dafür Sorge tragen. Doch was mir auch in der Zukunft weiterhin Sorge bereitet, ist, dass viele Seelen der Umgebrachten noch im Schock an der Stelle ihrer Vernichtung verharren, da es ihnen nicht möglich war, sich von ihren ihnen im Tod vorausgegangenen Angehörigen abholen zu lassen. Ich werde versuchen, Kundige zu finden, die zu den großen Stätten der Vernichtung gehen und zu den im Schock noch Verhafteten sprechen, sodass sie sich endlich auch öffnen, um sich von den Ihren, die so lange auf sie gewartet haben, in die höhere Welt, die der Allmächtige für uns bereitet hat, heimgeleiten zu lassen.

Dr. Landesmann: Sie sehen ja schon ihre zukünftigen Aufgaben geistig vor sich.

Rabbi: Ich bin ein Gesandter der Liebe und habe für das seelische Wohl der Menschen und vor allem für das meines Volkes zu sorgen.

32. Szene

Obwohl ab 9 Uhr abends nach dem Gongschlag kein Häftling mehr seinen Block verlassen darf, hat sich Itzak hinter der Baracke 16 versteckt gehalten, um auf seinen Freund, wie verabredet, zu warten. Etwa eine Stunde später kommt Frederic.

Itzak: Schön, dass du gekommen bist. Sie umarmen sich.

Frederic: Es war gar nicht so einfach, trotz meiner SS-Uniform durch das Feldtor eingelassen zu werden, obwohl es von herbeitransportierten Uniformierten vorn in unserem Quartier nur so wimmelt. Wir müssen alle zusammenrücken. Und einige von uns müssen auf Decken auf dem Boden schlafen.

Itzak: Warum sind auf einmal so viele SS-Männer hierher gekommen?

Frederic: Das ist alles streng geheim. Morgen werden noch mehr erwartet.

Itzak: Seit wann bist du in unserem Lager?

Frederic: Ich bin am 1. Oktober vom Arbeitslager Butzyn hierher überstellt worden.

Itzak: Und wann hast du Trawniki verlassen?

Frederic: Das war etwa drei Wochen nach deinem Abtransport. Du hast Glück gehabt, dass man dich leben ließ und hierher brachte. Einen anderen von uns, der seine eigene Frau nicht erschießen wollte, hat der Sturmführer erschossen. Er brüllte: „Wer von uns ein Weichei ist, wird erledigt. Denn Waschlappen können wir nicht gebrauchen!" Das ist uns allen in die Glieder gefahren. Wieder hatten sich zwei von uns in Trawniki aufgehängt.

Itzak: Und wie ist es dir gelungen, der SS beitreten zu können?

Frederic: Uns wurde in Butzyn angeboten, entweder der Waffen-SS, die an der russischen Front verlustreich kämpft, beizutreten, oder im Lager anstelle der an die Front abkommandierten SS-Männer als neuer SS-Nachschub zu fungieren. Somit wurde ich als Abstämmiger deutscher Vorfahren auf den Führer Adolf Hitler getreu bis in den Tod vereidigt.

Itzak gleitet mit dem Finger über den freigelegten Oberarm.

Itzak: Ja, ich kann deine Blutgruppennummer ertasten. Welchen Rang nimmst du nun in deiner neuen Uniform ein?

Frederic: Ich bin Rottenführer. Aber uns wurde versprochen, dass wir nach der morgigen Aktion alle befördert würden.

Itzak: Erzähl. Was ist für morgen geplant?

Frederic: Das ist strikte Geheimsache. Aber sei froh, dass du nicht Jude bist und keinen Davidstern auf deinem Kittel trägst. Sonst würde es auch um dich geschehen sein.

Itzak: Deshalb sind schon gestern Abend alle Juden auf unserem Feld aus dem Block 21 nach Block 22 verlegt worden. Dann sind die draußen gegrabenen Gruben also nicht als Schutz gegen Fliegerangriffe gedacht, sondern...?

Frederic: *Leiser.* Es darf uns niemand hören. Du musst auf jeden Fall morgen früh mit all den Ariern in diesem Feld nach Feld IV umziehen.

Itzak: Oh Gott, ich habe verstanden. Dann werden auch alle unsere jüdischen Doktoren und auch unser Heilerrabbi erschossen?

Frederic: Alle. Lass uns von etwas anderem, von etwas Erfreulicherem reden. Ich bin jetzt in unserem Barackenquartier untergebracht. In der Kantine bekommen wir gutes Essen. In unseren Räumen haben wir ein Stubenmädchen. Alle meine Kameraden sind wegen ihrer Schönheit verrückt nach ihr und umwerben sie mit kleinen Aufmerksamkeiten oder Essensresten. Wir nennen sie „unsere Stubenfee". Ich umwarb sie ebenfalls und brachte ihr etwas zu essen, denn wie alle Sträflinge war sie ausgehungert. Schließlich versprach ich ihr auch, nach dem verlorenen Krieg mit ihr zusammen leben zu wollen und sie zu heiraten. Und trotzdem gab sie sich mir nicht hin. Sie sagte, dass sie schon verlobt sei. Und als wir dann im Schlafsaal alleine waren, habe ich sie, die sich mit aller Kraft Sträubende, einfach genommen. Ich hielt der Schreienden den Mund zu. Und mit mitgebrachten Essensresten und Brot habe ich sie immer wieder flachlegen können. Ich glaube, dass sie jetzt schwanger ist, denn sie muss sich nun öfters erbrechen.

Itzak aufgeregt: Hat dieses Stubenmädchen an ihrem Körper irgendein Muttermal?

Frederic: Ja, ein ganz großes oberhalb ihrer Schamhaare. Es sieht aus wie...

Itzak *sich plötzlich erhebend*: Du hast mir meine Verlobte geschwängert. Du Schwein!

Er hebt einen Backstein vom Boden auf und trümmert ihn nun auf seines Freundes Haupt.

Frederic: Hör auf! Au! Au!

Er sinkt um, doch Itzak schlägt weiterhin mit dem Stein auf dessen Kopf, obwohl der Umgefallene keinen Ton mehr von sich gibt. Plötzlich sieht er, wie eine dunkle Gestalt auf ihn zukommt. Er will wegrennen.

Rabbi: Itzak, bleib stehen! Ich bin es. Er kommt auf Itzak zu

Itzak *mit zitternder Stimme*: Wissen Sie, was ich gerade gemacht habe? Ich habe meinen besten Freund erschlagen.

Rabbi: Ja, ich habe trotz der Dunkelheit alles mitverfolgt. Er hat deine Ronia geschwängert. Du warst jetzt Kain, der seinen Bruder Abel erschlagen hat.

Itzak: Ich war auf einmal wie von Sinnen. Es überkam mich derart, dass ich, wie besessen, einfach mit Gewalt diesen Stein auf ihn hämmerte. Ich habe Frederic erschlagen. Gott wird mir dafür nie vergeben können.

Rabbi: Gott hat auch Kain schon lange vergeben. Und in der höheren Welt wird dir auch Frederic vergeben, denn dort ist das Herz eines jeden mit Liebe erfüllt. Und die Herzensangelegenheit eines Liebenden ist die Vergebung.

Itzak: Aber ich werde mir nicht vergeben können. Morgen werde ich für meine Tat erschossen werden. Das geschieht mir recht. Und trotzdem habe ich vor dem morgigen Tag Angst. Dann ist Ihre Vorhersage,

Rebbe, dass ich diese Shoa überlebe und nach Israel kommen werde, falsch gewesen.

Rabbi: Nein, alles wird sich für dich so fügen, wie ich es dir prophezeit habe. Du wirst in Israel deine Ronia mit ihrer von Frederic gezeugten Tochter wiederfinden. Ihr werdet heiraten. Das steht fest.

Itzak: Aber ich werde doch sicherlich morgen erschossen oder gehängt!

Rabbi: Nein, denn ich werde sagen, dass ich deinen Freund erschlagen habe.

Itzak: Sie, Sie wollen sich für mich opfern?

Rabbi: Ja. Denn du musst überleben und wirst überleben. Ich werde sowieso meinen Körper morgen verlassen. Denn meine jetzige Aufgabe auf Erden ist nun erfüllt. Und nun gib mir den Stein aus deiner Hand.

Er nimmt den Stein und haut ihn mehrere Male auf den blutenden Kopf.

Rabbi: Und nun gehe zu deiner Pritsche zurück und lass niemanden etwas merken. Ich werde dich überall hin begleiten, damit du unversehrt nach Israel kommst. Und wenn du nach deinem irdischen Tod vor dem himmlischen Gericht stehst, werde ich dein Fürsprecher sein. Doch bitte gleich nachher im Gebet nach dem Kaddish den Allmächtigen, dass Er dir ebenso vergeben möge, wie Er dem Kain vergeben hat. Ich segne dich.

Er hält dem nun sich vor ihm Hinknienden die Hände über den Kopf. Alsdann kehren beide zum Block 16 zurück.

33. Szene

Es ist an jenem 3. November noch dunkel im Block 16. Der Rabbi hat sich vor seiner Pritsche niedergekniet und betet. Ein jüdischer Häftling nähert sich ihm.

Häftling *leise flüsternd*: Rebbe! Darf ich Sie um einen Gefallen bitten?

Rabbi: Ach, du bist es, Awner. Ja, bitte. Um was geht es?

Awner: Ich weiß, dass ich heute sterben werde.

Rabbi: Woher willst du es denn wissen?

Awner: Ich hatte einen Traum. In diesem Traum sah ich ganz deutlich meine Mutter und meine Schwester. Sie hatten Blumen im Haar und sahen ganz glücklich aus. Meine Mutter war so jung, wie ich sie als Bub kannte, und zeigte sich im selben Alter wie meine Schwester. Sie beide sind letztes Jahr bei unserer Ankunft in diesem Lager gleich vergast worden, während ich ausselektiert wurde. Und sie sagten: „Hab keine Angst am morgigen Tag. Wir werden dich abholen. Du bekommst einen neuen Körper. Du wirst viel Freude erleben. Wir lieben dich." Rebbe, war dieser Traum nun Einbildung, Wunschdenken oder hatte er eine wirkliche Bedeutung?

Rabbi: Nein, deine Mutter und Schwester sind dir wirklich erschienen. Wie schön, dass du jetzt schon weißt, dass sie auf dich warten, um dich abzuholen. Da wird dir der heutige Tag leichter zu ertragen sein, denn alle Juden sollen heute hingerichtet werden.

Einige Juden und Itzak haben sich leise genähert.

1. Häftling: Was haben Sie gerade dem Awner gesagt? Wir sollen heute alle hingerichtet werden?

2. Häftling: Das glaube ich nicht.

1. Häftling: Ich auch nicht.

Rabbi: Ich habe nicht zu euch, sondern nur zu Awner gesprochen.

2. Häftling: Awner, glaube ihm nicht, er hat uns allen schon viel Verwirrendes erzählt.

3. Häftling: Doch, ich glaube ihm. Er weiß mehr, als unser normaler Verstand erdenken kann.

4. Häftling: Er hat mir Dinge vorausgesagt, die hier schon im Lager eingetroffen sind.

Itzak: Ich bewundere unseren Heilerrabbi. Er kann nicht nur Wunderheilungen vollbringen, sondern auch, wie Rubin gerade sagte, Dinge voraussehen. Dem Chaim und dem Perec hat er eine Woche vor ihrem Abtransport vorausgesagt, dass sie genau an einem gewissen Tag von hier ins Konzentrationslager Buchenwald verlegt werden. Und genau am angegebenen Tag ist es geschehen. Niemand konnte das voraussehen. Nein, jene langen Gräben, die zwei große Kommandos in Tag- und Nachtschicht draußen ausheben, haben keinen anderen Zweck als den, dass wir bei Fliegerangriffen uns dort niederkauern können.

2. Häftling: Oder sollen sie gar als Panzersperre dienen? Sind vielleicht die Sowjets schon bald hier? Wer hat etwas Genaueres über den letzten Frontverlauf von zivilen Lagerarbeitern gehört?

1. Häftling: Der Iwan lässt auf sich warten. Der ist noch lange nicht hier. Er wird erst hier sein, wenn wir ausnahmslos alle erschossen worden oder verreckt sind.

3. Häftling: Vielleicht planen unsere Widerstandskämpfer von außen her einen Angriff?

2. Häftling: Psst, leise. Hier gibt es ebenfalls Verräter. Wir sollten froh sein, dass wir uns hier auf dem Krankenrevier befinden. Hier können wir meist ungestört reden.

Rabbi: Ich habe eurem Gespräch zugehört. Ja, nährt eure Illusionen, bevor die Wirklichkeit sie auflösen könnte. Das ganze Dasein ist Illusion. Und trotzdem haben die Menschen das Gefühl, dass dem nicht so sei. Die wirkliche Welt ist der Garten Eden beziehungsweise das Jenseits. Dort werden wir alle irgendwann im hellen Licht erwachen.

1. Häftling: Ihren Glauben möchte ich haben. Dann bräuchte man ja gar keine Angst vor dem Tod zu haben?

Rabbi: So ist es. sich erhebend Ich werde heute meinen Körper verlassen, um in das Paradies, jenen Garten Eden, zurückzukehren. Und dich wie auch andere werde ich auf dem Weg dorthin begleiten. Deshalb möchte ich jetzt von euch schon Abschied nehmen, bevor wir auf den Appellplatz rausgetrieben werden. Vergebt allen, die euch

Schmerz und Leid zugefügt haben. Wir sind aus Lern- und Erfahrungsgründen in diese materielle Ebene hineingeboren. Hier gehen wir praktisch in eine Schule, in der wir vor allem im Hauptfach Liebe unterrichtet werden. Die Erfahrung von Lieblosigkeit fördert in uns das Wertgefühl für Liebe. Seid in Brüderlichkeit miteinander verbunden. Verstoßt nicht gegen die Liebe, sonst müsst ihre alle Verstöße gegen sie in einem anderen Leben wieder ausgleichen. Die meisten von euch haben mit ihrem Leiden ihr anstehendes Tikkun, jenen auf Verbesserung der Seele zielenden Ausgleich durch Selbsterfahrung, aufgelöst. Diejenigen, die diese Shoa überleben, sollten darüber schreiben.

Itzak: Sollten wir auch deine Lehre verbreiten?

Rabbi: Nein, denn sie ist nicht für jedermann gedacht. Jeder wird seinen richtigen Weg zur richtigen Zeit finden. Ja, wer überlebt, möge über dieses gigantische Leid berichten. Denn die Welt muss wissen, was sich hier ereignet hat. Dieses Lager wird einst als eines der schrecklichsten der Nazidiktatur gelten und weltweit bekannt sein als das Konzentrations- und Vernichtungslager Majdanek. Majdanek ist der archimedische Punkt des Holocausts. Wenn dieser Holocaust dazu beiträgt, dass nie wieder in der ganzen Welt ein Ähnliches passiert, dann hat auch unser Leben und Leiden in dieser Erdenhölle einen zusätzlichen Sinn gehabt. Dann sind wir Märtyrer für eine bessere Welt. Und da alles, und ich wiederhole alles, einen Grund hat und Verstöße gegen die Liebe zu einem Nächsten ein ausgleichendes Schicksal nach sich zieht, möchte ich euch noch Folgendes sagen:

Stehlt niemals, sonst wird euch in einem Folgeleben etwas gestohlen oder es wird sich in irgendeiner Weise Verlust zeigen. Betrügt und lügt nicht, sonst werdet ihr einst belogen und betrogen werden. Beleidigt niemanden und redet nicht böse über andere, sonst wird euch ein Gleiches oder Ähnliches erwarten. Fügt niemandem mutwillig Schaden zu, sonst wird der Schaden euch in einem nächsten Leben zuerteilt werden. Doch eines jeden Schicksal ist kein Feind. Vielmehr hilft es uns, seelisch zu wachsen. Wer dieses weiß, wird in Demut mutig und mit Zuversicht sein Leben durchschreiten. Ich segne euch. Ich liebe euch. Schalom.

Er erhebt sich und verlässt den Block.

2. Häftling: Habt ihr beobachtet, er hatte Blut auf seinem rechten Ärmel.

3. Häftling: Auch an seiner rechten Hand entdeckte ich Blut.

1. Häftling: Wollte er sich die Adern aufschneiden, weil er in Vorausahnung weiß, dass wir Juden heute alle...? Sollten diese Gräben draußen etwa für uns gegraben werden?

4. Häftling: Ach was. Er, wie ich entdeckte, ist nachts nach draußen gegangen. Vielleicht hat ihn der Kapo oder einer von den SS-Schurken entdeckt und ihn geschlagen.

3. Häftling: Aber wir wissen doch, dass Thumann, dieser Henker, allen gesagt hat, dass man den Heilerrabbi nie berühren darf.

1. Häftling: Itzak, du hast ja auch Blut an deiner rechten Hand. Und am Ärmel sehe ich auch Blut. Wie kommt das dahin?

2. Häftling: Hast du etwa ebenfalls versucht, dir die Adern aufzuschneiden?

Itzak: Nein. Ich habe mich nur verletzt. Wollen wir nicht alle ein Gebet sprechen oder einen Psalm aufsagen?

1. Häfltling: Ich bete schon lange nicht mehr, zumindest seitdem ich im Ghetto von Radom gewesen bin. Ihr könnt ja noch einen Psalm sprechen oder das „Höre Israel". Ich leg mich nochmals etwas hin, denn gleich werden wir geweckt. Hoffentlich kommen heute nicht die Lagerärzte Rindfleisch und Blanke und selektieren wieder wie letzte Woche oder schicken uns zurück auf das Feld III, wo wir wieder geschlagen und gedemütigt werden.

2. Häftling: Oder im Gammelblock krepieren, wenn wir nicht schon vorher erschlagen werden. Ja, hoffentlich habe ich noch lange die Krätze, sodass ich hier noch einige Wochen liegen kann.

Beide erheben sich und gehen zu ihren Pritschen.

3. Häftling: Ja, lasst uns das 'Höre Israel' sprechen. Ich habe für heute ein ungutes Gefühl im Bauch.

4. Häftling: Ich auch.

Alle drei *leise sprechend*: Höre, Israel, der Ewige, unser Gott, der Ewige, ist einzig...

Bender, *der Revierkapo kommt*: Los, alle aufstehen! Alle nach draußen zum Appell! Alle Verstorbenen und auch alle Bettlägerigen raus! Schleppt sie raus! Keiner darf sich mehr im Block befinden. Wer sich versteckt, wird erschossen!

Dr. Landesmann kommt hereingestürzt. Er geht auf einen jungen Häftling zu.

Dr. Landesmann: Du, Laszlo, kommst mit mir. Er nimmt ihn an die Hand und führt ihn zu einem Verstorbenen Du ziehst dir jetzt schnell deinen Kittel mit dem Davidstern aus und ziehst dir seinen Kittel an. .... Und von nun an heißt du Miroslaw Piwonski und kommst aus Kielce. ... Und hier, ich schneide dir mit dieser Zange deine Häftlingsnummer vom Handgelenk. ... So. Und nun schneide ich die von der Hand des Toten ab. ... Jetzt binde ich dir vorerst seine Häftlingsnummer mit einem Faden um. ... Und jetzt kommt deine Nummer auf seine Hand. ... So, das wär's. Jetzt schnell hinaus. Von jetzt an bist du ein Goj.

Beim Hinausgehen bleibt Dr. Landesmann kurz stehen und entnimmt seiner Kitteltasche etwas, das er hinunterschluckt.

Bettlägerige und eine ganze Reihe der über Nacht Gestorbenen werden hinausgetragen. Überall ist Aufregung. Einer schneidet sich in einer Ecke die Adern auf. Ein anderer hat sich mit seinem Gürtel erhängt.

Nachum *zu einem Häftling*: Ich habe Angst. Ich habe draußen so viele SS-Leute mit Hunden gesehen, viel mehr als sonst. Und man hat viele Maschinengewehre aufgestellt. Ich glaube, wir Juden werden alle erschossen. Ich werde in einen leeren Papiersack kriechen und ihn an den Seiten mit Stroh ausstopfen, sodass er wie flach aussieht. Vielleicht entdeckt man mich nicht.

Gesa: Ich werde mich unter eine hintere Pritsche festschnallen, damit man mich beim flüchtigen Runterschauen nicht entdeckt.

34. Szene

Draußen ist es noch dämmerig. SS-Männer und ihre Kalfaktoren haben alle Insassen der vielen Blocks herausgetrieben. Sie alle stehen vor ihrer jeweiligen Baracke. Die Bettlägerigen liegen neben den Körpern der Verstorbenen. Neben ihnen hat man den soeben umgefallenen Körper von Dr. Landesmann hingezogen. Überall stehen bewaffnete SS-Männer. Zu dem Block 16 kommt Thumann in Begleitung von Villain, Konietzny und anderen. Er stellt sich breitbeinig mit der Peitsche in der Hand vor den in Fünferreihen Aufgestellten und ist im Begriff, eine Rede zu halten, als plötzlich der Revierkapo mit einem Häftling die Leiche von Frederic herbeizieht.

Kapo Bender: Herr Schutzhaftlagerführer, jemand hat einen Ihrer Leute wohl mit diesem blutbefleckten Stein erschlagen.

Der Leichnam mit dem blutüberströmten Kopf wird vor dem Schutzhaftlagerführer hingelegt.

Thumann: Wer hat diesen Rottenführer erschlagen? Hervortreten! Sonst lasse ich alle aus diesem Block sofort erschießen!

Rabbi *hervortretend*: Ich habe mit jenem Stein auf seinen Kopf geschlagen.

Thumann: Sie? Das kann doch nicht möglich sein! Sie sind doch ein Heiliger, der keiner Seele etwas zu Leide tut. Wir hielten Sie für den einzigen respektwürdigen Juden, weshalb wir Ihnen gestatteten, den Bart samt Kittel und Hut tragen zu dürfen. Sie haben ihn erschlagen? Warum?

Rabbi: Es war die Zeit für ihn gekommen, die Erdenbühne zu verlassen. Er hatte in einem früheren Leben einem anderen den Kopf eingeschlagen. Jetzt musste er als Ausgleich ein eben solches erleben. Auch für mich ist die Zeit gekommen, in meine eigentliche Heimat zurückzukehren. Ich habe diesen Stein genommen und auf seinen Kopf geschlagen, sodass das Blut spritzte. Hier, meine Hand und mein Ärmel sind noch von seinem Blut befleckt.

Thumann: Rabbi, Sie haben mich jetzt sehr, sehr schwer enttäuscht. Aus Zeitgründen will ich dir die öffentliche Erhängung ersparen. Doch jetzt gibt es nur eins für dich.

Er zieht seine Pistole, richtet sie auf ihn und will abziehen, aber der Drücker lässt sich nicht bewegen.

Thumann: Nanu, was ist mit meiner Pistole los? – *zu Konietzny* – Geben Sie mir die Ihre.

Auch diese Pistole versagt.

Thumann: Verdammt!

Rabbi: Ich werde jetzt meinen Körper verlassen. Ich vergebe Ihnen allen, die Sie Verbrecher an der Menschheit sind. Mögen Sie sich einst selbst vergeben können. *Und sich zu den Häftlingen umwendend:* Vergesst nicht, was ich euch gesagt habe. Wir werden in einer höheren Welt uns wiedersehen, und zwar voller Freude in einem neuen Körper. Auf Wiedersehen und Schalom.

Er hebt seine Arme und sinkt plötzlich in sich zusammen.

Einige der Juden murmeln nun das Kaddish, während viele christliche Häftlinge das Kreuz schlagen und die Hände zum Gebet auf Brusthöhe zusammenfügen.

Thumann *auf den Körper des Rabbis deutend:* Doktor! Überprüfen Sie, ob er noch lebt.

Dr. Blanke *sich niederkniend:* Es ist kein Pulsschlag in ihm. Er ist tot.

Thumann *Leichenträger herbeiwinkend:* Werft ihn auf den Leichenwagen. Die anderen aber erst nach der Abzählung.

Jetzt werden die Nummern der Häftlinge aus dem Krankenrevier aufgerufen. Wer nicht laut genug „Hier!" ruft, wird geschlagen. Der Reviersanitäter Reinartz ruft bei der Nummer eines jeweils Verstorbenen: „Verstorben!"

Thumann *nachdem alle durchgezählt sind, kommandiert mit lauter Stimme:* Alle Juden links raustreten! Alle Arier marschieren jetzt zum

Feld IV. Auch die Kranken werden mitgenommen. Und alle Juden gehen zum Block 22. Bleibt davor stehen, bis ihr hineingeleitet werdet. Wer von den Juden sich unter den Ariern versteckt, wird sogleich erschossen. – *Und zu den Kapos und Konietzny gewendet*: Ihr durchsucht nun diesen Block und dann die nächsten. Wenn ihr einen Versteckten findet, prügelt ihn heraus. Wenn er nicht gleich hervorkommt, dann erledigt ihn.

Konietzny: Jawohl, Herr Obersturmführer.

Sie eilen in den Block hinein.

Einige Juden wollen sich unter den Ariern verstecken. Aber sie werden erkannt und mit Schlägen auf die linke Seite getrieben. Viele weinen, schreien oder rufen Klagen des Schreckens aus.

Thumann *zu Villain*: Unterscharführer! Sie gehen zum Feldtor und überprüfen, dass kein Jude sich mit hinausschleicht.

Villain: Jawohl, Herr Obersturmführer.

Thumann: Hier ist die Liste. Er drückt sie ihm in die Hand Darauf sind auch alle Halbjuden vermerkt, die jedoch keinen Davidstern tragen. Auch diese Mischlinge haben sich zu den dort draußen schon seit über einer Stunde Schlange stehenden Volljuden aus Lublin und Umgebung einzugruppieren. Zu ihnen wurden bereits alle Juden, Männer, Frauen, Kinder aus unseren Feldern hinzugefügt. Lassen Sie jetzt die erste Gruppe herein.

Villain: Jawohl, wird gemacht! Mit einigen anderen marschiert er zum Feldtor.

Thumann: Und ihr sich an andere SS-Männer wendend steht Spalier und passt auf, dass keiner der Herbeigeführten zu den Ariern überläuft.

SS-Männer: Jawohl!

Während sich Thumann, hin und wieder die Peitsche auf einen Häftling schlagend, zum nächsten Block begibt, schleppt Itzak auf dem Rücken einen ausgemergelten Schwerstkranken zum Feldtor. Plötzlich entdeckt ihn Halina unter den durch das Tor Hereingetriebenen.

Halina: Itzak! Itzak! Erkennst du mich? Ich bin es, Halina, deine frühere Verlobte!

Itzak setzt den Kranken nieder. Halina läuft, trotz des Aufrufs, sofort in ihre Reihe zurückzukehren, auf ihn zu. Und schon wird sie von zwei Kugeln getroffen und bleibt vor Itzak liegen. Er kniet sich zu ihr nieder und legt ihren Kopf auf seinen Schoß. Aus ihrem Mund fließt Blut

Halina *mit schwacher Stimme:* Itzak, bitte vergib mir, dass ich Ronia verraten habe und sie als Jüdin fälschlich denunzierte. Bitte, vergib mir.

Itzak: Ja, ich vergebe dir. Und vergib du mir auch, dass ich mich für Ronia als meine Braut entschieden habe.

Halina: Wir werden uns wiedersehen. Ich liebe dich.

Itzak: Ich liebe dich auch.

Villain *herbeistürmend und auf Itzak einschlagend:* Los, nimm den Kranken wieder auf den Buckel! Es darf keine Zeit vergeudet werden. Heute ist hier großes Reinemachen.

Itzak lädt sich unter Tränen den Kranken wieder auf den Rücken und schreitet durch das Feldlagertor. Halina ist gestorben, jedoch ihr Körper bleibt als Abschreckungsmaßnahme noch liegen.

Moshe: Itzak!

Itzak *entdeckt seine Freunde Moshe und Hersch unter den durch das Tor hereingeführten Juden. Er wagt es aber nicht, seine Last wieder abzulegen und ruft den beiden zu:* Denkt daran, was uns der Rebbe gesagt hat. Nur der Körper stirbt! Doch unsere Seele lebt weiter! Wir sind unsterblich!

Ein SS-Mann *Itzak einen Peitschenschlag versetzend:* Willst du wohl dein Maul halten! Los! Trag den Kranken ins Feld IV, aber Beeilung!

SS-Mann Konietzny *kommt zu Villain:* Wir haben noch einige Juden aus ihren Verstecken hervorprügeln können. Ich pass jetzt mit auf, ob einer sich unter den Ariern hinausschmuggeln will. Ich kenne alle aus dem Krankenrevier. *Sich den Zug der das Feld V Verlassenden genauer betrachtend* Da ist doch der kleine Ungarnjude mit der Krätze von Bock 16. Er geht auf den sich unter den anderen ihn Verstecken-wollenden hinzu, zieht ihn mit Schlägen hervor, haut ihm nun einige Ohrfeigen und jagt ihn, den Zeternden, in die Schlange der hereinströmenden Juden.

Konietzny *zu Villain*: Der hatte sich den Judenstern abmontiert. Aber mir soll keiner durch die Lappen gehen. Zu einem Häftling Was ist deine Nummer?

Da dieser nicht gleich antwortet, nimmt er dessen Arm und sieht auf die am Handgelenk befestigte Blechnummer.

Konietzny *die Nummer mit seiner Liste vergleichend*: Du bist Jude!

Sträfling: Nein, Sie sehen doch, dass ich keinen Davidstern trage, sondern Arier aus Stettin bin.

Konietzny: Hier steht aber, dass dein Vater Jude war. Also bist du für uns auch Jude. – *Einen SS-Mann herbeiwinkend* – Führen Sie die Nummer 1712 in die Gruppe der hereingetriebenen Juden.

Sträfling *schreit*: Ich bin kein Jude! Sich gegen die Zugriffe des SS-Mannes wehrend: Ich bin kein Jude!!

Er erhält nun einige Faustschläge.

Er *kniet sich vor Konietzny nieder*: Bitte, bitte! Lassen Sie mich leben. Meine Eltern werden Ihnen auch ein großes Geldgeschenk zukommen lassen.

Konietzny: Los! Ab mit ihm! sich den kontrollierenden SS-Männern zuwendend und ihnen die Liste überreichend Kontrolliert jeden genau, der hinausgeht. Lasst keinen der sich unter den herauskommenden Ariern versteckenden Juden oder einen Mischling durch.

SS-Männer: Zu Befehl!

Konietzny: Ich werde alle Blocks in den verschiedenen Feldern noch gründlich absuchen lassen, damit des Führers Befehl, alle Juden ohne Ausnahme zu liquidieren, erfüllt wird. Und unser Lagerkommandant kann dann voller Stolz nach der Wolfschanze telegraphieren: „Mein Führer, der Bezirk Lublin ist jetzt judenfrei!"

Während er das sagt, ertönen aus Lautsprechern Walzer und andere Tanzmusik. Doch sobald eine Platte gewechselt wird, vernimmt man noch deutlicher die Maschinengewehrsalven von den Gruben her. Nach einiger Zeit beim Plattenwechsel sind auch die Kirchenglocken aus der wenige Kilometer entfernten Stadt zu vernehmen. Denn alle dortigen Bewohner wissen jetzt, was in dem Vorort Majdanek passiert. Viele haben sich in den Kirchen versammelt, um dort für die Hingerichteten und noch Hinzurichtenden zu beten. Das Erntefest ist im vollen Gang. Bis vier Uhr nachmittags liegen 1.755 Kinder, Frauen und Männer in den drei vollgefüllten Gruben. Für den Rabbi und seine Engelshelfer gibt es nun viel zu tun. Wann wird er wieder unter uns weilen?

***

Der von Hitler und Japan entfesselte Zweite Weltkrieg forderte sechzig Millionen Menschenleben. In dem Kriegsgefangenen – und dann Konzentrationslager Lublin – nachher nur noch KZ Majdanek genannt – verloren etwa 200.000 Menschen ihr Leben infolge von Zwangsarbeit, Hunger mit Auszehrung, Krankheiten, Seuchen und Ermordung, davon rund 50.000 durch Vergasung mittels Kohlenmonoxyd oder ZyklonB. Nahezu die Hälfte der dort Ermordeten oder Verstorbenen waren Juden.

Epilog

Du, lieber Eli, als überzeugter Israeli, der mit sieben Jahren von Hamburg nach Palästina kam, wünschtest, dich mit dem deutschen Volk wieder zu versöhnen. 1992 auf einem Kongress in Bad Homburg wandtest du dich an die Zuhörerschaft und sagtest, dass nur ein verfolgter Jude das Recht habe, das jüdische Volk mit dem deutschen Volk zu versöhnen.

Und dann sagtest du: „Ich als Repräsentant des jüdischen Volkes vergebe den Deutschen für all das, was sie dem jüdischen Volk angetan haben."

Viele der Zuhörer mussten auf einmal weinen und kamen zu dir, um deine Hand zu drücken. Lieber Eli, du warst ein Brückenbauer der Versöhnung. Danke.

Nachbemerkung

Ich, der Autor Trutz Hardo, vergebe allen, die aufgrund dieses Dramas, wie damals wegen meines Romans *„Jedem das Seine",* wieder auf mich schießen oder meinen Wagen niederbrennen, im Internet und in anderen Publikationen mich schmähen oder sonst mich irgendwie schädigen wollen. Ebenso vergebe ich allen Richtern, die mich wegen meiner freien Meinungsäußerung wieder verurteilen könnten wie 1998 und 2000 bhakti-yoga.ch/Hardo. Ich liebe euch alle. Denn wie ihr ein Teil von mir seid, bin ich ein Teil von euch. Denn wir sind alle eins. Und so ich jemanden mit diesem Drama verletzt haben sollte, dann bitte ich sie oder ihn, mir auch zu vergeben, sind wir doch auf der Erde, um auch durch Fehler zu lernen.

P. S. Dieses Lese-Drama wurde nach Besuchen der SS-Vernichtungslager in Polen im Juni 2009 selbigen Jahres am 7. Dezember auf den Seychellen begonnen und am 28.1.2010 in Goa/Indien beendet.

Der Autor

Trutz Hardo schreibt seine Bücher in den Wintermonaten im Fernen Osten. Er trampte fünfeinhalb Jahre um die ganze Welt und anschließend zweieinhalb Jahre durch ganz Afrika. Bisher hat er ca. 140 Länder besucht und 24 Jobs ausgeführt – u. a. Taxifahrer in Berlin, Matrose, Kellner, Rausschmeißer in einem Nachtlokal in Sydney, Reiseleiter in den USA, Tür zu Tür als Enzyklopädien-Verkäufer in Australien, Neuseeland und Südafrika, Tellerwäscher in Kopenhagen, Fabrikarbeiter in Kalifornien u. a.. Er studierte Germanistik und Geschichte und arbeitete an einem Berliner Gymnasium als Lehrer. Er ist Autor vieler esoterischer Bücher siehe Amazon.de und als Weltneuheit Schriftsteller des ersten Romans in sieben Farben, der zugleich der umfangreichste Roman der deutschen Literatur ist. Der Gesamttitel dieser Tetralogie heißt MOLAR und beschreibt anhand der Familiengeschichte seines Vaters und Dichters mit seinem Pseudonym 'Molar' zugleich die Geschichte des deutschen Volkes in den Jahren 1933 bis 1949.

Trutz Hardo als Reinkarnationstherapeut

Seine eingehende Beschäftigung mit Reinkarnation und Rückführungen in frühere Leben führten ihn zur Reinkarnationstherapie, da die damit sich befassende Forschung herausgefunden hat, dass die Ursache zahlreicher Probleme wie z. B. Phobien, chronische Beschwerden, Allergien und Beziehungsschwierigkeiten in früheren Leben liegen kann.

Wenn somit die jeweils eigentliche Ursache gefunden wird, kann eine Reprogrammierung erfolgen, womit das Problem in seiner heutigen Auswirkung, z. B. in Form von Asthma, Heuschnupfen Klaustrophobie, Impotenz, Partnerproblemen usw. oftmals behoben ist.

Trutz Hardo, der seine Ausbildung bei dem bekanntesten Reinkarnationstherapeuten und -lehrer Amerikas, Richard Sutphen, erhielt, konnte schon vielen Menschen in Privatsitzungen zur Erfahrung einer Besserung oder gar völligen Beseitigung ihrer Probleme verhelfen. Seit 1989 führt er auch Ausbildungsseminare für Rückführungstherapeuten und Reinkarnationsleiter durch, sodass es heute schon einige Ärzte, Therapeuten und Heilpraktiker gibt, die in dieser aus Amerika stammenden Therapie von ihm ausgebildet sind.

Im November 1992 demonstrierte Trutz Hardo in SAT1 „Einspruch" eine Zeitversetzung in die Zukunft, und zwar in das Jahr 3030. Im April 1994 war er in Schreinemakers Live mit einer Gruppenrückführung zu Gast. Er führte auch Frau Schreinemakers in zwei ihrer früheren Leben zurück. In der Sendereihe Mysteries trat er am 14. August 1997 bei RTL auf, wo er den Moderator Jörg Draeger in ein früheres Leben zurückführte.

Trutz Hardo hat eine ganze Anzahl von Vorträgen über esoterische Themen gehalten, sei es über Goethe als Esoteriker, über seine eigenen Erlebnisse bei philippinischen und brasilianischen Wunderchirurgen, über den Nutzen von Rückführungen in frühere Leben, über das Einwirken der Jenseitigen auf das diesseitige Leben, über Kommunikationsmöglichkeiten mit dem Jenseits, über die Beschaffenheit des Jenseits, über Beweise für Reinkarnationen, über die Geschichte des Reinkarnationsglaubens u. a. m.

Er ist in der heutigen New-Age-Szene ein bekannter Mann und ein bestens qualifizierter Sprecher für das „Neue Denken", das sich unter einer neuen Generation immer mehr verbreitet. Trutz Hardo lebt heute in Berlin.

Seminare und Ausbildungen zum Rückführungstherapeuten mit Trutz Hardo sind unter

www.trutzhardo.de

einzusehen.

Nachfolgend aufgeführte **Bücher** von Trutz Hardo sind im Buchhandel erschienen oder über www.silberschnur.de zu beziehen

Der Roman in sieben Farben in vier Bänden
Dieser behandelt die Geschichte des deutschen Volkes zwischen 1933 und 1949. Er ist der umfangreichste Roman der deutschen Literatur. Im Mittelpunkt steht der Dichter Molar und seine Familie.

1. MOLAR auch ‚Molar und seine Kinder'
2. LILIA
3. JEDEM DAS SEINE [1]
4. MARIA juristisch vorzensiert

Sachbücher

Das große Handbuch der Reinkarnation

Das große Handbuch der Sexualität

Wiedergeburt – Die Beweise

Entdecke deine früheren Leben

Reinkarnation aktuell

Supersurfing in Ko-Autorenschaft mit Johannes von Buttlar[2]

---

[1] Dieses Buch ist in Deutschland wegen des Bezuges zum Karmagesetz auf den Holocaust verboten.
[2] Johannes Freiherr Treusch von Buttlar-Brandenfels, in Kurzform Johannes von Buttlar, ist Sachbuchautor, der über 30 Bücher zu Themen wie Esoterik oder UFOs sowie Anti-Aging, aber auch vereinzelt zum Thema Astrophysik, verfasste. Quelle: Wikipedia

Durch den Vertrieb T. Hockemeyer, mail@trutzhardo.de sind folgende Dramen und Bücher von Trutz Hardo zu beziehen, die noch nicht im Buchhandel zu erhalten sind:

Valerian, ein Kaiserdrama 12 EUR

Wiedergeboren, eine Reinkarnationskomödie 10 EUR

Gift und Liebe, ein Reinkarnationsdrama 10 EUR

Liebe auf den ersten Blick, eine Reinkarnationskomödie 10 EUR

Wenn ich doch nur wüsste, warum; ein Familiendrama 10 EUR

T & F – Ein Roman über die Dichtung und die Liebe 15 EUR

Per Anhalter um die Welt – Weltreise Teil I
Europa – Asien – Australien – Südsee – Neuseeland
erschienen bei tradition Verlag Hamburg
ISBN: 978-3-7345-1223-0 Paperback
         978-3-7345-1224-7 Hardcover
         978-3-7345-1225-4 e-Book

Per Anhalter um die Welt – Weltreise Teil II
Osterinsel – Süd-, Mittel- und Nordamerika – Karibik
Ostküste von Südamerika - Westafrika
erschienen bei tradition Verlag Hamburg
ISBN: 978-3-7345-1226-1 Paperback
         978-3-7345-1227-8 Hardcover
         978-3-7345-1228-5 eBook

Reise zu den Geistern Afrikas – Weltreise Teil III
Von Tunesien bis Kenia
erschienen bei tradition Verlag Hamburg
ISBN: 978-3-7345-1229-2 Paperback
         978-3-7345-1230-8 Hardcover
         978-3-7345-1231-5 eBook

Reise ins spirituelle Afrika – Weltreise Teil IV
Von Zentralafrika bis Südafrika
ISBN: 978-3-7345-1232-2 Paperback
978-3-7345-1233-9 Hardcover
978-3-7345-1234-6 eBook

Der blinde Dichter; ein Reinkarnationsroman
Erschienen bei tredition Verlag Hamburg
ISBN: 978-3-7345-1252-0 Paperback
978-3-7345-1253-7 Hardcover
978-3-7345-1254-4 e-Book

Mörder im Taxi – Erlebnisse eines Taxifahrers
erschienen bei tredition Verlag Hamburg
ISBN: 978-3-7345-1255-1 Paperback
978-3-7345-1256-8 Hardcover
978-3-7345-1257-5 e-Book

Das Geheimnis der Sonnenblume – ein magisches Märchen
Mit einem Vorwort von Chris Griscom
Neuauflage erschienen bei tredition Verlag Hamburg
ISBN: 978-3-7345-1262-9 Paperback
978-3-7345-1263-6 Hardcover
978-3-7345-1264-3 e-Book

FSC
www.fsc.org

MIX

Papier | Fördert
gute Waldnutzung

FSC® C083411

Zeitfracht Medien GmbH
Ferdinand-Jühlke-Straße 7
99095 Erfurt, Deutschland
produktsicherheit@kolibri360.de